JN086256

はじめに

2015年の公職選挙法改正で「18歳選挙権」が決まって以来，高校３年生にも有権者が生まれるため,「投票権行使の呼びかけ」「投票の流れ」「『どこに投票したらよいのか』などの投票権行使のための基礎知識」「選挙違反を起こさないために」などを内容とし，現実的な政治を知るための,「主権者教育」が高校で行われるようになった。そして主権者教育を実践するための副教材『私たちが拓く日本の未来』（総務省・文部科学省）が全国の高校生に配布された。筆者はその作成協力者であったため，それ以降，深く主権者教育に関わることとなっている。

上記副教材の配布以降，全国の高校で主権者教育が実践・推進されているが，学校現場では課題や混乱も見られる。例えば，教育基本法第14条に「政治教育」の必要性が明記されているが，第２項の「特定の政党を支持し，又はこれに反対するための政治教育その他政治的活動をしてはならない」との規定により，学校現場は「中立」の問題に悩まされてきた。「中立ではない」との批判を避けるため,「現実の問題を扱わないことが『中立』である」と感じている教員も多い。このような問題の他に，教員の多忙化や「○○教育」の増加，授業時間数の確保，一部の管理職の理解不足などを理由として，主権者教育の教材開発や教育実践は進んでこなかった。

このような「『主権者教育』の教材不足」に対して，筆者はこの分野に造詣の深い研究者を講師として招き，学校現場の教員とともに講義を受け，そこから主権者教育の教材を作成する「主権者教育教材作成ワークショップ」を2017年から行ってきた。ワークショップの趣旨は，勤務校に合った教材の作成とともに，専門家の知見をもとにした教材開発，さらに教材作成後の研究協議で「中立」の問題を含む意見交換を行うことによって，教育現場で実践できる主権者教育の教材作成を行うことだった。

以上が，この「ライブ！主権者教育から公共へ」が発刊される前段階である。

主権者教育に関わるにつれて，学校現場での実践者に多く出会うことになった。その一人が，本書共著者の大畑方人先生である。大畑先生は，当時勤務していた都立高島高校で，年間を通した主権者教育に取り組まれていた。大畑先生の実践は，いわゆるアクティブ・ラーニングの手法を取り入れると同時に，地域課題解決学習の要素を取り入れた授業であり，

2022年以降必修化される，新教科「公共」を前倒しした実践であった。そのような実践家である大畑先生に，新しい主権者教育教材作成のためのワークショップを提案したのが本書である。

本書は大きく３章構成となっている。

第１章は，各界の専門家からの主権者教育へのメッセージである。公益財団法人明るい選挙推進協会会長である佐々木毅先生（日本学士院会員）をはじめ，政治思想史・政治哲学の宇野重規先生（東京大学），憲法学の土井真一先生（京都大学），教育学から政治教育を提言されている小玉重夫先生（東京大学），国際政治の大芝亮先生（広島市立大学），経済学の飯田泰之先生（明治大学）に，様々な角度からアドバイスをいただいたインタビューを原稿化した。各先生のインタビューは本当に学ぶべきことが多く，ぜひ一読され，主権者教育に活かしていただきたい。

第２章は，各先生からの貴重なアドバイスを活かした大畑先生の授業実践である。各先生方からのアドバイスを受け，大畑先生が授業を計画・実践した記録である。それらの授業を筆者が参観しアドバイスをさせていただいて，さらにブラッシュアップして本書に収めた。「このような授業もできるのか」「この授業は真似したい」など授業のエッセンスを先生方の授業に取り込んでいただきたい。また，授業を視覚化するために文字に起こしてライブ化したことで，授業の雰囲気までも分かりやすく伝えられたと自負する。筆者はこのような実践が教育現場に広がることが，主権者教育の底上げにつながると考えている。それぞれの実践には筆者のコメントをつけてあるので参考にしていただきたい。

第３章は，前・後編に分かれている。第１節は，筆者が大畑先生の授業実践を総括的にまとめてある。アドバイス等も入れてあるので参考にしていただきたい。第２節は，ドイツの政治教育の紹介を行っている。ドイツの政治教育は，これからの日本の主権者教育の方向性を考える上で「自分事として考えさせる」「討論をして，熟議型民主主義を身につけさせる」など，大変参考になる。紹介した事例等を参考に，新しい授業を計画していただければと思う。

本書が，これからの主権者教育の一助になれば幸いである。多くのご意見・ご批判をお待ちしたい。

執筆者代表　藤井　剛

目次

第１章　主権者教育へのメッセージ

第１章は，第１節・第２節に分かれている。

第１節は，「専門家からのアドバイス」として専門家にインタビューし，文字に起こした。主権者教育に関して様々な角度からアドバイスをいただけたことは非常に有益であったし，読者の方々もご自分の主権者教育に活かしていただけることと思う。

第２節は，第１節に掲載した各先生のインタビューの中から，「専門家のアドバイスから何を学ぶか」として筆者（藤井）が抜き出し，大畑先生の授業実践に活かしてほしいことを列挙・解説した。主権者教育は「これしかない」ものではないので，当然，読者は他の視点を持たれてもよい。

Interviewer

藤井 剛

大畑方人

第1章　主権者教育へのメッセージ

第1節　専門家からのアドバイス

佐々木毅先生
（所属：日本学士院会員）

主要著書
・『民主主義という不思議な仕組み』（筑摩書房2007年）
・『政治の精神』（岩波書店2009年）
・『政治を動かすメディア』（共著，東京大学出版会2017年）
・『民主政とポピュリズム――ヨーロッパ・アメリカ・日本の比較政治学』（筑摩書房2018年）

藤井：主権者教育に望むことはどのようなことでしょうか？

佐々木先生：メディア・リテラシーの確立でしょうね。「政治的な事実」というのは，そもそも脆(もろ)さを持っているわけです。例えば，過日報道された統計問題がそうです。また，長らく防衛費はGDP比1％以下に抑えると言っていましたが，内閣が経済の伸びについてちょっと数字をずらしたり，GDPの計算方法を少し変えたりすると「政治的な事実」が変わってくるわけです。そういう脆(もろ)さに，私たちは今まで以上にぶつからざるを得ないようになっています。前回のアメリカ大統領選挙の時に，アメリカではフェイクニュースが飛び交いました。トランプ氏は「自分以外の発言は全てフェイクニュースだ」とまで言っていました。そのような情報に関する危うさは，この2，3年間に起きた非常に大きな変化です。そういう意味で，高校生のリテラシーの確立が必要になり，そのための教育をしなくてはいけなくなってきています。ですが，そもそも事実というものは，モノのように捕まえられるものではなくて，捕まえたと思うと逃げていくようなものなので，そのリテラシーを教えるのはとても難しいことだと思います。

政治においては，デマやメッセージの「検証可能性」は必ずしも高くないので，チェックが必要になってきます。そのチェックをどこの機関が行うのか，メディアがお互いに行うような形でチェックをするのか，チェックの方法にもいろいろあるわけです。例えば，権力分立制もチェック方法の制度的なものですし，江戸時代には同じ役職を2人の人間に務めさせて，片方の人間の判断が間違っていた時チェックしていました。

そのように，いわゆるチェック機能は人類の知恵で昔からありましたが，歴史的には，次々とチェックを潜り抜けるような新しい方法などが登場してきているわけです。

藤井：それこそヒトラーの情報操作が典型ですね。日本もチェック機能が弱くなってきているような気がします。

佐々木先生：要するに，政策は真実に基づいて議論されなければならないため，「フェイクニュースはダメ」なわけですが，そうは言っても間違いが起きる可能性がある。だから主権者教育の目標を高くして，変なリーダーが出てこないような，悪さ加減が少ないような政治になるように，リテラシーを主権者が持つ必要があるのです。

僕の先生の丸山眞男という人は，いつも「政治は悪さ加減の選択」と言っていたことを思い出します。その意味で，リテラシーがなぜ大事かということを高校生に理解してもらい，身につけてほしいわけです。

そもそも人間は間違う動物であり，その間違う可能性をできるだけ軽減してくれるものがリテラシーなんです。間違う可能性を否定して，自分は絶対的な真理を求める姿勢がとれると考えてしまうと，自分以外の価値を一切認めないようになって，ヘイトスピーチみたいな排外主義を招きかねないのです。

藤井：どのようにしてリテラシーを身につけさせたらよいのでしょうか？

佐々木先生：やはりいろんなメディアにアクセスすることの意味を，ポジティブに捉えるようにすることでしょう。メディアの多元性というか，あるいは情報の多元性・多様性というものについて，感覚的に柔軟であることが必要です。そのような感覚について，少しでも関心を持ったり考えたりしている生徒がいたら，それをエンドース（保証）してあげて，励ましてあげるスタンスが必要でしょう。それがないと，「考える芽」が枯れてしまうかもしれません。

リテラシーにも，「積極的リテラシー」と「消極的リテラシー」があると思います。「消極的リテラシー」というのは，いわば「情報を疑う」ことができるということでしょう。つまり，個々のメッセージを相対化するような力を持つことですね。ただし，そのような力ですら一気に持てるわけではない。ですから，最初は新聞などを読むことから始まって，たくさんのメディアがあり，そしてメディアは多様であるということを理解する。そうすると何が本当なのか，何を信じてよいのか，分からなくなる。平たく言えば，先ほど話したように，事実とか現実というものは石ころを捕まえるようには捕まえられないということが分かってくる。そういう経験を繰り返して，だんだん現実との接触の仕方が複合的になり，何事も一義的に明快に決まるものではないという「消極的リテラシー」を身につけることができると考えています。

藤井：「積極的リテラシー」とはどのようなものなのでしょうか？

佐々木先生：政治の世界ではそうした中でも決定をしなければならない。消極的リテラシーの中に留まっているわけにはいかない。いろいろと比較考量して今の段階でどう決断するのがより適切かということに向き合う力が「積極的リテラシー」と言うべきものでしょう。

大畑：政治的関心を高めるために，学校などで必要なことは何でしょうか？

佐々木先生：例えば，選挙権の行使の問題です。日本の選挙は秘密選挙ですから，自分がどこに投票したかということを，他の人にしゃべる必要はまったくない。ただし，自分はなぜあの政党に，あるいはあの候補者に投票したのかということを反芻（はんすう）する機会を，年に何回かでも設けることが必要でしょう。時々は，苦々しくても思い出す。そのような自己対話というのか，自己点検をすることが大切でしょう。自己対話や，先ほど話をした自分のリテラシー能力の再点検というのは，先生たちがしっかりと評価してあげることが必要です。生徒たちがそれぞれの段階で，知的な刺激剤，知的能力の展開の励みになるような教育の機会を作ってもらいたいですね。

あとは政策の評価ですね。各政党とも「これはよい政策だ」「国民に受け入れられる」と考えると，同じような政策がそれこそ「てんこ盛り」のようになって出てくるので，主権者はどれを食べたらいいのか分からなくなってしまう。日本の場合は，政党のイデオロギー性が強くありませんし，国民にとって「よいテーマ」だと思うと，どこの政党も同じようなことを主張するんですよね。それで差別化ができないようになっている。そうすると，同じことを言っているんだったら，大きい方が勝つに決まっているみたいなことになってきたわけです。そのような状況だと，「主権者なんだから選挙の時に政策をジャッジしろ」と言われても，これは大変難しい選択になってくる。

その意味で，主権者教育は政策問題を扱うべきで，やらないわけにはいかないと思うのです。しかし，教材化しやすいかと言えばなかなか一筋縄ではいかない。非常に厄介（やっかい）なものであることは間違いないと思うのです。だからちょっと工夫する必要があります。

A党とB党が同じような政策を主張していると，争点も何もなくなってしまいますね。ところがきちんと分析していくと，例えば，現代的な社会保障政策の問題を議論しているのだけれども実際のところは世代間の問題になっているというような話がたくさんあるわけです。だから，それらを同じ平面上で議論しないで，分けて議論できるような教材を作っていく。そういったことが必要なのだと思います。

話は変わりますが，新しい「公共」という科目は，どのように主権者教育とオーバーラップするのでしょうか？　あるいはどういう関係に立つのでしょうか？

藤井：先に結論を言いますと，新科目「公共」は，「主権者教育の一丁目一番地」だと言われています。「公共」では，現実の政治や経済現象を扱い，いろいろな考え方や原理を学んで，それを使って行動できる人間になるようにしていく。そして，授業は生徒を動かして考えさせるアクティブ・ラーニングを行う。さらに，弁護士などを呼んで，外部と連携していきましょう，というコンセプトです。

佐々木先生：なるほどね。そうす

ると主権者教育はある意味で，出口の役割を期待されているのですね。

だとすると「主権者教育のモデル」を考える必要がありますね。かつて，日本のモデルとされてきたドイツやイギリスなどの主権者教育を学ぶことも大切です。しかし現代では，どこかから持ってきてその通りやればよいという話ではないでしょうね。

例えば，日本の高校生をどのような主権者に育てたいのか，そのためにはどのような目標を設定したらよいのか，モデルを考える必要がある。せっかくですから，**日本の主権者教育が世界の中で，モデルとして誇れるような先駆性のあるものを提案したいですね。**そういう主権者教育を考えないといけないわけです。

その意味で，「このような主権者教育を行います」と明らかにすることは，21世紀の日本の立ち位置を世界に向かって宣言することだと思うんです。ですから，しっかりした目標を定めるべきではないでしょうか。

そして，その目標を考える際に，21世紀の主権者教育は，20世紀の主権者教育とどこが差別化されるのか，どこが違うのかということを考えてほしいと思います。そういう視点が，教育的にも社会的にも必要になってきているのではないでしょうか。やはり，長期的な視点や目標を持つべきで，「オリンピックだ」「パラリンピックだ」「万博だ」というようなイベントばかりに気をとられて方向性を見失ってはいけません。

藤井：近頃，情報が制限されている感じもします。

佐々木先生：どこかの国の大統領のように，「自分にとってよいことは世の中にとってもよいことだ」というような雰囲気になりかけているところがありますね。その意味では，カギカッコつきの「事実」というものへの執着心というか，視線というものを大切にする必要があるわけです。

また，近年は情報をコントロールするテクノロジーが，どんどん肥大化しているようです。そういう意味では，主権者教育も試されているのだと思いますね。かつてハンナ・アーレントが，「全体主義にとって一番癪(しゃく)に障(さわ)るのは事実である。事実をなくしてしまえば，全体主義に対する抵抗はなくなる。事実をなくすというのはどういうことかというと，人間そのものを消してしまうのが一番簡単だ」と言っているわけですが，極論すればそういう話ですね。やっぱり全体的に権威主義的な雰囲気が蔓延(まんえん)してきている気がします。「AI，AI」と騒いでいますが，膨大(ぼうだい)な情報を集めて国民の方向性を決めたりする世界に入っている。もうジョージ・オーウェルの話です。そういう意味では，**「事実」を直視し，自分で考え決めるということは，人間が自由であるということの試金石になると思います。**そして，「事実」に対する関心の持ち方の質を上げてもらうというのが，やはり一番基本だろうと思います。現実というのはいろいろな可能性を持っているので，それを高校生に気づかせてやる必要がある。そういう意味では「事実」というものをあまり簡単に処理しないで，特に社会的事実を理解してもらうためには，いろいろな知的準備段階が必要だと思いますね。

大畑：香港では若者たちがデモをしています。ところが日本ではそのような動きはありません。1970年代頃に比べると，世界でも若者の抗議行動は減っています。そのような若者をどのように見ていらっしゃいますか？

佐々木先生：学習不足だと思いますね。経験がないから行動が起こらないのでしょうね。私たちが学生の頃は主権者教育は不要だったわけです。なぜならば，毎日，頼まれなくても勝手にデモばかりしていたからです（笑）。だから当時は，主権者教育という言葉がなかったわけで，そこが全然違うと思いますね。

要するに非政治化が長い間にわたって続いてきたために，非政治的な人間がたくさん誕生してしまった。しかし，そういう人たちは政治と無関係かというと，それなりの政治的な役割は果たしているのだけれど，本人たちは自覚がないし，そこからアクションが出てくるということもない。ただし，そういう人たちでさえ動きださなければならないようなことが起こるとすれば，その時はむしろ恐ろしいものになると思うわけです。どこに向かっていくか分からないですから。おそらくある種のアジテーションに一気に乗るような動き方をするかもしれない。だから，今，先進国で起きているポピュリズムというのは，あまり政治的に動員されなかった人たちが動員されるようになってきたから起きているのです。その結果として，政治の構造が全体的に大きく揺らいでいる。そこはやはり，一種の経験ですよ。経験がないというのは人間とっていかに重いものなのか。ですから主権者教育は，ある意味で経験の芽や種子を魂に植えつける作業をしなくてはならない。デモ行進で体を動かす必要はないのですが，それでも頭の体操を行う必要があるのではないかと思います。

大畑：現在のようにポピュリズムが広がっていくような社会の中で，主権者教育の中で扱った方がよいと思われる哲学者はいますか？

佐々木先生：難しいですね。私もそれをよく考えているのだけれども，なかなか思い浮かばない。ポピュリズムの背後にあるものは一種の恐怖だろうと思います。絶望まではいかないけれど恐怖じゃないかな。政治学的に言えば，非日常的な感覚が異常に膨張し，あるいは敏感になっていくことでしょう。その恐怖の原因は何なのかというと，没落に対する恐怖なのかもしれない。西洋世界には没落への恐怖感というものが，シュペングラー以来ずっとありますからね。それで外に対して，他に対して攻撃的に出るわけですよ。そして絶望までいくと，ファシズムみたいな形になるわけでしょうね。しかし，今はまだ絶望までいってないから，少しはブレーキがかかるかもしれない。政治思想史の考え方で言えばそういうことでしょうね。

これからちょっと考えてみます。プラトンとか，ギリシャの哲学者たちが現実を分析する時に使ったいろいろなスキームというのはそれなりに妥当性がありますし，現代の分析に役に立つという人もいるわけですから。

哲学者ではなくて，あえて大事な言葉として「希望」をあげておきます。希望というのは政治にとってやはり大事です。ただし，希望には２種類ある。「虚しい希望」と「虚しくない希望」です。我々が目指すのは「虚しくない希望」の方です。「虚しい希望」というのは，根拠もなく，ただいいことがないかなと思っていて，事実を無視し，ある種の願望にすがる「根拠なき希望」です。それに対して，「虚しくない希望」，つまり「根拠ある希望」というのは，例えば努力をすることによって成果を上げるとか，事実がついてくるというようなことです。

前者の「根拠なき希望」は，必要な努力や訓練を怠ることと結びついているわけで，これは希望ではない。その反対の「虚しくない希望」を育てるのが主権者教育の目標でしょう。やはり絶望はあらゆるものを破壊してしまいますから。そうすると，破壊のための破壊になっていって，結局，最後は自分も破壊していく「ヒトラーコース」を辿ることになるわけです。

どこにでもあるような，いつでも実現可能な希望や期待ではなくて，かなり細い道だけど，そこを辿っていって「虚しくない希望」「根拠のある希望」を求めるようになることが，主権者教育の目標でしょう。先ほどお話しした,「事実」に対する誠実さを育てるということです。「事実」に対してこだわりがなくなってしまったら，正確なジャッジメントなんてできません。ですから，「事実」についてこだわることをしないと，しばしば「虚しい希望」,「根拠なき願望」に陥ってしまうのです。これは，ヘシオドス以来言われていることです。

（このインタビューは，
2019年3月14日に行われた。）

宇野重規先生

（所属：東京大学）

主要著書

・『西洋政治思想史』（有斐閣2013年）
・『政治哲学的考察――リベラルとソーシャルの間』（岩波書店2016年）
・『保守主義とは何か――反フランス革命から現代日本まで』（中公新書2016年）
・『政治哲学へ――現代フランスとの対話　増補新装版』（東京大学出版会2019年）
・『トクヴィル――平等と不平等の理論家』（講談社学術文庫2019年）

藤井：本日は主権者教育について伺いたいと思います。と言いつつ，私は法学部の出身なので，はじめに「法学部ばなし」なのですが……。学部時代は，本当に「法律」が分かりませんでした。いきなり大学に入ったばかりの18歳や19歳の若者に，法学というのはどのような意味があるでしょうか？　論理のおもしろさみたいなものに関心を持つ人も一部いるでしょうが，およそ売買の経験もしたことはないし，ましてや相続なんてしたことがない人たちが法学を学ぶことにどれだけ意味があるのか。1回社会経験を経て，初めて法律がおもしろくなるのではないでしょうか。法学というのは，何のために勉強しているのか，学ぶ意味がすごく分かりにくいですよね。

宇野先生：いわゆる「リーガルマインドを学ぶ場」であることを法学部の先生は口をすっぱくして言いますが，それが何なのかを理解するまでには時間がかかりますよね。一定の社会経験を経て，ようやく「世の中は法律が動かしているのだ」ということが実感とともに分かるのでしょう。そうすると，「ではそれはどういう理屈だったのかな？　もう少し知りたいな」という気持ちが初めて生まれます。そう考えると，主権者教育を通じて少しでも「有権者ギャップ」を埋めることを考えないといけませんね。

藤井：高校と大学の間のギャップ，あるいは高校生と大人の間のギャップなのかもしれませんね。

宇野先生：ですから，「そもそも主権者教育や政治学というのはなぜ必要なんだろう」という問いかけが前提であると同時に，学ぶ目的でもあるのです。その問いが最初から分かる高校生なんて普通はいないですよね。高校を出て大学を出て，それでもまだ納得がいかない，なぜそのようなものを学ばねばならないのだと。

そのように考えると，主権者教育というのは言葉の矛盾ですね。主権者というのは一番偉い人なんです。なぜその一番偉い人が「偉い人である」ために勉強しなくてはいけないのだろうか。自分たちで全て決めることができるのに，主権者が主権者であるために，まず勉強しなさいと言われたら変ですよね。「変な理屈だなあ」「生理的にピンとこない」という人が大勢いるはずです。「人はおよそ勉強しないと主権者になれないのか。だからよく分からないし，おもしろくもない『三権分立』なんかを勉強しなくてはいけないのだろう」と，たぶん多くの生徒は思っているのでしょうね。

問題を深くしますけれども，「人間は市民であるために主体的に勉強しなくてはいけないのか」という，これまたある種の難問ですよね。

藤井：その通りです。

宇野先生：だから，本当に自分の頭でものを考えるようになるための教育をしなくてはならない。ところが教育はどうしても知識を求めるので，「みなさんの思考力を高めるためにやっているのです」と言っても，生徒さんにしてみれば，「知識がないと，ものを考えられないのか……。ものを考えることを学ぶというのはどういうことなんだろう」と余計に考え込んでしまうのでしょうね。ただし，そこがスタートであると同時に，それが一番のゴールでもあるのです。結局，高校・大学を卒業しても，主権者になるために学ばなくてはならない。なぜ，自分で主体的にものを考えるようになるために勉強しなくてはならないのかということを考えると，これはとても難しい。

藤井：結局，生徒たちは，教育を受けなければものを考えるようになれないというように，知らず知らずのうちに思い込まされているわけですよね。

宇野先生：現在の教育というのは歴史的に考えると，すごく新しいものなのです。たぶん過去２世紀ぐらいの間のものです。かつて教育では「真理はある」ということを前提にして，「これを勉強しないと人間としておかしい」と言っていたと思います。「過去に真理の源はある，だからあなたも学びなさい」というようにね。宗教も同じことを言うし，古今東西の古典哲学もそう言うわけですよ。「だから学びなさい」と言う。

ところが，ここ2世紀くらいにできた教育観は，過去に真理があるということを否定してしまい，「いやむしろ大切なのは未来なんだよ。未来に向けてみなさんが何をするかが問題なんだよ」と言うようになったわけです。「みなさんは別に過去の真理に束縛される必要はないんだよ。主体的に行動して，主体的に考えていいんだ」と。そうすると，「ああよかった。じゃあ，もう勉強しなくていいのか」と思ったら，「いやいや将来のためには勉強しなくてはいけないよ」と言っているのです。これはあまりに変な理屈です。ですからこの2世紀間，あるいは民主主義が確立して以降の教育というのは，根本的にどこか難問を抱えてる気がするのです。例えば自発性を掲げて，「あなたの中に大切な人間としての本質はすでにあるのだから，それを開花させればよいのです」というのがルソー以降の教育観ですが，そう言うのだったら，どうしても「では，なぜ勉強しなくてはいけないのですか」と質問したくなるわけです。教育の現場で生徒たちに，その答えを考えさせ，納得させていくためにはどうしたらいいのか，難しいですよね。

藤井：憲法学の宍戸常寿（ししどじょうじ）先生（東京大学）が，「日本国民は生まれながらにして主権者なのか」という問い立てをしました。「なるほど」と思いました。日本国民として生まれてきた以上，生まれながらにして主権者なわけです。しかし，主権者はそれだけの存在ではないだろう。やはり主権者としての素養がないといけないはずで，ではその主権者が持つべき素養とは何だろう。例えば，主権者として必要な情報を手に入れる力，その情報を分析する力，情報から自分の意見を形成する力，自分の意見を表明し議論する力，相手の意見を受け入れて自分の意見をブラッシュアップする力，それらの意見などを行動で実現しようとする力などが必要なのでしょう。それらを身につけるには，後発的なものである教育に待つところが大きいのではないかということをおっしゃったのです。私はその話を伺って「なるほど，私たちは生まれながらに主権者なのだけれども，主権者にならなくてはいけないのだ。それが主権者教育なのだ」と，ストンと腑に落ちた気がしました。

宇野先生：実際問題としてみると，もっと外在的な理由からだったのです。第1に近代社会は，国民を「主権者」にしてしまいましたから……。「なった」のではなくて，「されちゃった」わけです。そうするとどうなるかと言うと，まず選挙の時に，政党や候補者を比較して選ばないといけない。選べないと「あなたは主権者としての業務を果たせていないから，勉強してね」という話になります。第2に近代国家においては，いろいろな場面で労働者・消費者として行動しなくてはいけない。「あなたは働かなければならないから，今すぐどこかの職場で働ける程度に読み書きそろばんができないといけません」「あなたは消費者だから，買い物くらいできる計算力などを持ちなさい」と言うわけです。そして第3に「あなたは家族の一員として家庭を営み，次の世代を育てるのも役目ですよ」と迫ってくるわけです。そのためには，知識も必要なので，主権者として，働き手として，そして家庭の担い手として必要なことがあるから勉強しなさいということになるわけですね。ですから，「学ぶ」ということは，近代国家からの要請です。それまでの絶対君主政の下では，私たちは臣民（しんみん）なので，ある意味自分から主体的に考える必要はなかった。言われた通りに命令された通りに動けばよかった。ところが今お話ししたように，「これからみなさんは，政治的には国家の主権者であり，経済的には働き手であり，社会的に見れば家庭の担い手である。そのために必要な知識は勉強してください」というロジックできたわけですよね。このように近代国家からの要請からきているのです。

ここまでの説明で，理屈としては宍戸さんがおっしゃったように，「いやいやあなたは強制されているわけではないよ。あなた自身がちゃんと学んで，人と議論ができて，そして人と一緒に働いていけるようにならなければ，あなただって困るでしょう。ですからあなたが一人の人間として社会を生きていくために勉強していくのですよ。そして主権者になっていくのですよ」という「内面的にあなた自身にとって必要でしょう」という理屈と,「実際には外在的に強制されている」という側面と,双方から主権者教育の必要性の説明がつくわけです。高校生は,どちらの説明に納得しますかね？

大畑：ひょっとすると本人は望んではいないかもしれないのに,外からは主権者になりなさいという強制があるわけですね。

宇野先生：我々政治学者は,よく「主体的な人間になりなさい」と言います。そして私たちは,「主体的になるためにはきちんとした判断力を持たなくてはいけない」と言うわけです。しかし,「そもそもなぜ主体的にならなくてはいけないのか。主体的になる必要はあるのか」という疑問があるわけです。現在の子どもたちは教育を受けて「主体」になる前に,小さい時から消費社会で生きていて,いろいろな消費を自分で選択しています。そういう意味で言うと,「主体」になるべく教育を受ける前から,もう彼らは消費の「主体」であるわけです。そのような状況で,何を今さら「主権者様」になるために,勉強しなければいけないのか。「好きなものを自分で買えばいいはずだ。それで十分じゃないか」と言う人に対して,「いや単に商品を買って,その選択したことだけで主体的であると考えるのは間違いである。主体であるとはもっと幅広い深い意味があるのだ」ということを,どうしたら上手く納得させることができるかが課題となっているわけです。以前,諏訪哲二さんが書いた『オレ様化する子どもたち』という本がベストセラーになりましたよね。「オレ様化」というのは,最近は流行りませんか。

大畑：今の高校生は,そういう「オレ様化」するような気質にはなっていませんね。周りの空気を読もうとしますから。自分の考えていることより,周りの空気やこちらの意図を考えて発言します。

宇野先生：学生たちの発言について思うのは,昔に比べるとスモール・グループディスカッションやプレゼンテーションをしてもらうと,すごく慣れているのです。私たちの頃は,そのような教育を受けていませんでしたから,私たちに比べて本当に上手いんですよね。しかし,今,大畑先生が指摘されたように,その発言が本当に自分の考えていることなのか,むしろその反対で先生の考えや答えを先回りして言おうとしているのか分からないことが多いのです。そのような現状を見ると，今の若者は主体的ではなくて，むしろ反対であるという可能性は大いにあると思います。

藤井：授業にディベートなどを取り入れている先生も多くなった気がします。

宇野先生：そうですね。「そもそも論」に戻りますが，私は大学の時，ESSに入っていて，ディベートセクションに属していたのです。そういう意味で私はディベートにわりと馴染みはあります。また，自分のかつての同級生で，大学卒業後もディベート教育の普及に一生懸命取り組んでいる方が大勢いるのですよ。藤井先生以外にも，高校現場でディベートを実践していらっしゃる先生方も多いと思うのですが，なかなか上手くいかないのではないかと思っています。ディベートのポイントは何かと言うと，まさに「正しい答え」という呪縛を外す，あるいは，自分自身が人間として信じていることはとりあえず横に置いておいて，仮に「肯定」の立場を主張するならば，逆に「否定」の立場ならば，どのような論理や理屈で相手を説得するかを学ぶことだと思います。同時に，相手の論理に対して自分が反論するという立場の互換性があるわけです。だから例えば，涙を流して「私はこうだと信じているんです」と言ってもダメなので，相手の論理に対して次の瞬間には反対のことを言わなくてはならない。あくまで客観的な論理性と立場の入れ替えや可能性を追求するもので，純粋にある種の論理の頭の訓練であると，さんざん言われているわけですよ。アメリカ人は，一種のテクニックの問題だと割り切ってディベートが好きなんですよね。しかし，日本人はどうしても「テクニックの問題」と割り切れない。ゲームであるディベートでさえも，真面目な学生ほど一生懸命自分の信念を述べだしてしまうのです。そのような現状を見ることが多いので，相手を説得するための純粋な論理の提示という，本来の訓練の目標やそのための意識がなかなか実現されていないと思います。

藤井：私は現職の教員時代，ディベートを授業に取り入れていました。その時，生徒たちに厳しく2点を話しました。1点目は，先生が今おっしゃった「ゲーム性」「テクニックの問題」です。「自分の考えと反対の立場から考えることは，自分の意見を補強することになるのだから一生懸命頑張りなさい」ということです。2点目は，「今回のディベートは，議論の勝ち負けも大事だが，それよりも『一次資料を集め，分析し，資料をもとに自分の意見を相手に伝えられる』ことだ」ということを強調していました。授業には目標がある以上，ディベートを行う際にも目標を設定して，生徒が「何のためにこの授業を受けるのか」をはっきりさせた方がよいと考えています。

宇野先生：なるほど。私は学生の時，いろいろな人とディベートをしました。その中に有名人がいたのです。「コーネル大学のカール・セーガンが言っている」というようなエビデンスを示して，最後は「宇宙人がやってきて，この問題は全部解決する」というめちゃくちゃな議論をして，勝ちまくっていました。

このような人が勝ちまくってしまうと，「言葉で相手を圧倒しちゃえばいいや」，「とにかく相手を黙らせちゃえばいいや」と，議論が得意な人ほどそのような方向に傾いてしまうわけです。このように「相手をしゃべらせないディベート」を見たら，経験のない高校生は呆然としてついてこなくなるのではないでしょうか。この辺にもやはりディベートの難しさがありますよね。

藤井：ですから，いろいろな団体が主催する「ディベート大会」がありますけれども，私はそれが大嫌いだったのです。どうしても勝負を意識して「相手を圧倒した勝ち負け」を目指す。例えば相手の発言に資料を出して反論しても「それについては先ほど言いました」で終わってしまい，きちんとした議論が成り立たないことが多いし，早口で詰め込んでくるのです。そのような競技ディベートに対して，自分の学校では「一次資料をきちんと集めて示した議論」を求めたわけです。

宇野先生：ディベートは何のために行う必要があるのかをはっきり示さないといけません。社会の中では違う考えの持ち主がいます。その意見の対立で喧嘩をしたり力で決めたりするのではなくて，きちんと話し合って，一致しないまでも，それぞれの論拠は何かを理解することで自分の一面的なものの見方を相対化できる，これが本来の趣旨なのです。ところが近頃，大前提である「他者の論理」を理解すること自体がしっくりこない人も多くなっています。「なぜそんな必要があるのか」と言うのですよね。よく言われることですけれども，SNSなんかで，同じような意見ばかりを繰り返し繰り返し聞いて，それが本当だと信じるようになり凝り固まってしまって，相手の発言に耳を傾けない人もいるわけですね。

しかし，それはある意味で回避できない面もあるのです。例えば「戦争はよくない」という論陣を張る時に，戦争体験がある人が「戦時中はひどい目にあった。だから戦争はダメだ」と言えばリアリティがあったのですが，戦争の悲惨さを知っている世代が退場し，「戦争はよくない」という言葉にリアリティがなくなってきている。と同時に，「戦争は何としても回避しなければいけない」と考える戦後民主主義の前提みたいなものに対して，「建前化・お説教化している」，「そのような一つの意見で凝り固まると危険である」と批判したり，あるいは「戦争は良くない」と言った瞬間に，「また朝日新聞や日教組的なことを言っている」と自動的に処理したりする人が出てきているのです。経験したことがない人に向かって言っても，なかなかピンとこないことだから，この点は難しいですよね。

ですから現在，大学教育はエビデンスベースを重視し，まずとりあえずデータを示す，客観的なデータと客観的なデータをどれだけロジカルに処理できるかという方向にものすごくシフトしているのです。この方向性は正しいはずです。「べき論」ありきではなくてエビデンスを示して，そのデータをきちんと処理する。それを社会科学の第一歩として教えることは大いに意味があると思います。

大畑：学問の世界はそのような流れにあるのですね。そのような流れと，先ほど話が出たディベートの目的の話などから，高校の教育現場での主権者教育はどのような方向に進むべきなのでしょうか。

宇野先生：**高校の主権者教育で何を学んでほしいかというと，この社会に存在する様々なルールや仕組みは，歴史的に人間の力で形成されてきたものであるということです。**裏を返せば，変えることができるのだから，その仕組みをきちんと理解して，「自分たちがよりよく生きるためにはどのような仕組みがよいのか」，「もし現状を変える必要があるならばどこを変えていけるか」などを考えることが一番大切だと思います。政治とはそういうものだということを主権者教育を通じて理解させることが重要でしょう。そうすれば政治学を学ぶことは政治家になるためではなくて，自分たちが社会でよりよく生きていく，さらに一歩進めて自分とは違う考えを持っている人たちとともによりよく生きていくためだということが分かる。**お互いの生き方を邪魔はしない，できれば協力する，対立するのであればその摩擦をどこで食い止め，その上で何を一緒に協力できるかを考える。このようなことを学び考えることが主権者教育ではないでしょうか。**

大畑：主権者教育の目的ですね。そのような教育を実践していきたいと思います。他にも高校教育に期待されることはないですか？

宇野先生：古典を中心とした基礎教育を身につけてほしいですね。今の日本の大学みたいに専門教育が前倒しになると，その余裕がないのです。よく言われていることですが，コロンビア大学などのようなトップ大学では，文系も理系も1年生の頃は古典，プラトンの哲学などを学ぶわけです。本当にクラシカルな教育を行うのです。アメリカと日本を比べて，高校まではどう考えても日本の方が知識のレベルは高いし，大学もたぶん入って最初の1～2年ぐらいまでは日本の方が高いと思いますが，その後で逆転されて抜かれてしまうのです。それが教養の差なのでしょう。結局，学問的に自分で仮説を作れる人と作れない人の差が出てくる。それをひっくり返してほしいですね。

藤井：教養主義が必要なのですね。それが「仮説を立てる力」には必要なのでしょうね。

宇野先生：ですから，私たち大学の教員と高校の先生方で協力して，新しい学習指導要領で新設された「公共」を追い風にし，具体的なテクニックを使いこなす前提としての仮説や問題意識などをどのように作るかが課題でしょう。やはり高校からその思考訓練を積んでおかないと，その後に獲得する知識が意味を持たない，つながってこない，伸びない，発展していかないのです。ですから高校から大学入学くらいまでに，そのような訓練を丁寧にやるべきですし，そのような機運を盛り上げていくしかないですよね。

大畑：先生はご著書『未来をはじめる』の最後の講義で，アーレントの「人々が自由であるのは，人々が活動している限りである」という言葉を紹介されています。私の目指す主権者教育での主権者像というのは，アクティブ・シティズンといわれるような，社会参画していく主権者です。「参画する主権者」をしっかり意識しながら授業を行っていきたいと考えています。

宇野先生：大畑先生が『Voters』に書いていらっしゃったように，地域作りなどに学生が参加することは一番の教育効果がありますね。私は，東京大学公共政策大学院が主催している「チャレンジ!!オープンガバナンス」というコンテストの審査員をしています。政府や行政が公開している情報を使って市民や学生が具体的な社会的課題の解決策を提案するというコンテストです。今回は，学生団体が過去一番多かったのです。その中で，ある県の大学の学生が，商店街で徹底的に聞き込みを行い，商店街の課題を浮き彫りにし，商店街全体をひとつの学校にしようというサードプレイス論を展開しました。つまり，商店街という場を，外国人の方も含めて一緒に何かを学ぶ学校のような場所にしようという提案です。素朴ではあるけれど，いい案だなと思っていました。

高校から地域に入っていろいろなところで聞き込みをする。そもそも人と話す訓練はすごく意味があると思います。先ほど紹介したのは，大学生も含めた一般のコンテストですが，高校生が参加する地域系コンテストもレベルが高くなっています。本当に過去では考えられないくらい，しっかり頑張っている地域や学校があります。

地域の課題解決という授業にするならば，テーマをしぼる必要があるかもしれないですね。「地域課題を自分で発見してこい」といったテーマにするとなかなか難しいけれども，「商店街をどのように活性化するか」などのようにしぼると分かりやすいかもしれませんね。あるいは，あまり短期的なことは求めないで，商店街の人たちに，とりあえず課題だけを聞いてきなさいというのでも良いと思います。その上で，具体的なテーマを与えるという授業にしても教育効果は高いと思います。

藤井：課題を見つけて，課題解決の提案を行っている地域や学校はあります。私がおもしろいと思ったのは高知県の高校なのですが，市が抱えている政策課題を示してもらい，それを解決する方策を考えて，市長や市議，行政サイドにプレゼンをしています。例えば，「市の北部にお菓子屋さんがたくさんあるから，そこにスイーツ街道を作りたいがどうしたらよいか」みたいな課題です。政策課題ですから，市としてもかなりの問題意識を持っていますので，高校生のプレゼンに対してすごく前向きに対応してくれて，高校生たちは自己肯定感を持つようになっています。やはり，実現可能性というのも必要だと思っています。

宇野先生：そうですか。そのような現実の政策課題について考える取り組みは，とてもおもしろいですね。ぜひ大学の教員たちとも上手く連携していただいて，本当の意味での高大接続・高大連携ができたらいいですね。

（このインタビューは，
2019年3月15日に行われた。）

土井真一先生
（所属：京都大学）

主要著書
・『法教育のめざすもの――その実践に向けて』（共編著，商事法務2009年）
・『憲法適合的解釈の比較研究』（編著，有斐閣2018年）
・『日本の高校生に対する法教育改革の方向性――日本の高校生2000人調査を踏まえて』（共編著，風間書房2020年）

大畑：主権者教育の文脈については，投票率を上げることを目的とした「狭義」の主権者教育と，憲法が目指す主権者を育てることを目的とした「広義」の主権者教育に分けて議論することが多いと思います。18歳選挙権の導入以来，「狭義」の主権者教育がクローズアップされて，投票率を上げることに焦点を当てた主権者教育が多かったと思います。私は，そのような方向性だけではなく，もう少し，常時啓発というか，広い意味での政治的教養を高める教育を目指す主権者教育が必要だと思っています。

土井先生：主権者教育と18歳有権者に対する選挙啓発が結びついて，「主権者教育といえば模擬選挙」という流れになっています。私も啓発活動の一環として模擬選挙の意義は認めているのですが，ただ学校教育で「選挙を扱うことの難しさ」についても注意していただきたいと思っています。

選挙は，基本的に「人」を選ぶものです。例えば，誰を国会議員にするか，誰を市長にするかを投票によって決めるわけです。もちろん，その際には，候補者がどのような政策を実現しようとしているのかが，重要な判断要素になります。しかし，選挙は，国民投票や住民投票とは異なって，政策それ自体を選択するものではありません。候補者が，その公約を実行する誠実さや資質・能力を有しているかどうかも，重要な判断要素になるわけです。つまり，実際の選挙の際には，「この候補者はよいことを言っているけれども，公約を実現する能力があるかどうか疑わしいな」といった判断をしているわけです。特に，候補者が現職の場合には，前回の選挙で公約したことが，どの程度実現されているかを評価することも重要です。しかし，このようなことは，選挙公報に書かれている政策を比較するだけでは判断できませんし，また特定の人物の資質・能力や公約の実現度などについて，学校現場で立ち入って評価することには困難を伴います。

ですから，私は，主権者教育としては，模擬選挙より模擬議会の方が有益であると考えています。第１に，模擬議会の場合は，選挙と異なり，判断の対象を政策とその実現方法に限定することができるからです。第２に，生徒のみなさんが，他者の意見を聞いて判断するという受動的な関わりだけでなく，原案を作成し，議論し，他者の意見を取り入れて合意を形成していくという能動的な関わりを体験することができます。そして，この場合には，原案を修正する手続きを設けて，少数意見を反映させるプロセスを学ぶことが重要です。最近，社会の分断が懸念されていますが，お互いの意見を主張するだけでなく，相手の意見を聞いて，粘り強く合意を形成していくプロセスの重要性とその方法を学ぶことが，広義の主権者教育にとって大切なのではないでしょうか。

藤井：模擬選挙の課題について，もう少しお願いします。

土井先生：どうしても，模擬選挙の場合には，「投票して開票すればおしまい」になることが多くなります。確かに，選挙においても，他者の意見を聞いて，考え，判断するのですが，誰かと話し合って合意を形成するわけではありません。しかも，秘密投票が原則ですから，自らの投票について議論するわけではないのです。

この秘密投票について少し補足しますと，政治に関わる事柄は「公共」的な事柄であって，公共の場で開かれた議論をすることが原則です。しかし，選挙においては，投票自体はプライベートなものとして位置づけられていて，秘密なのです。もちろん，これは投票結果によって政治権力から不利益な取り扱いを受けないようにするための重要な原則なのですが，政治思想においては，この秘密性が批判されることがあり，授業で考えてみてよい問題だと思います。

１つ具体例をあげましょう。これは京都で実践された授業ですが，「政策Ⅰ」「政策Ⅱ」「政策Ⅲ」を

A・B・C・Dの４人は，現在の幸せ度が０です。今，政策Ⅰ・Ⅱ・Ⅲを選ぶと，それぞれの幸せ度は，次の表のように変化します。

	A	B	C	D	幸せ度の合計
現在	0	0	0	0	0
政策Ⅰ	10	5	-30	10	-5
政策Ⅱ	25	25	-30	30	50
政策Ⅲ	10	10	10	10	40

（「『法やルールに関する教育』実践報告書」京都府立園部高等学校　平成30年）

想定して，各政策を実施する場合に，Aさん，Bさん，Cさん，Dさんの効用が，それぞれどのように変化するかに関する一覧表を用意します。生徒のみなさんは2つのグループに分かれます。1つ目のグループは，その表の全てを見て，全員で議論してから，各人の結論が分かるように公開で投票します。2つ目のグループは，表のうち，自分の効用の部分だけを見て，各自で検討してから秘密投票をします。つまり，ある政策が自分にとってどのような利益をもたらすかだけを考えて，他の人から結論が分からないような形で投票するわけです。

その結果，2つ目のグループでは，自分にとって最も利益になる政策に投票され，多数決によって，最大多数の最大幸福となる政策Ⅱが選ばれます。その結果，Aさん，Bさん，Dさんは各自最大の効用改善が図られるのですが，Cさんに大きな負担がかかることになるわけです。ところが，全員で議論してから投票した1つ目のグループで最も多かったのは，自分の効用はそれほど大きく改善されないけれども，誰も損をしない政策Ⅲ，すなわちパレート改善をもたらす政策でした。

この結果から考えていただきたいのは，自分で自分の利益だけを考えて意思を示すのではなく，各人にとって，また社会全体にとって何が大切かについて開かれた議論を行って，必要があれば，互いに譲り合いながら，結論を導いていく必要があるのではないかということです。

藤井：投票先を考えさせることは，かなり難しいことなのですね。

土井先生：そうだと思います。新科目「公共」に関連づけて言えば，英語のpublicにはいくつかの意味があります。第１に，自分自身の私的な事柄ではなく，多くの人に関わる「公的な事柄」という意味です。ですから，公共的な事柄については，自分のことを考えることも大切なのですが，自分のことだけを考えるのではなく，ある選択が他の人々や社会全体にどのような影響を及ぼすかを考えなければなりません。第２に，publicには「公開」あるいは「開かれた」という意味があります。つまり，公共の事柄であるがゆえに，開かれた議論を行って，選択していく必要があるわけです。

政策は，本来，各人の幸福というプライベートなものが，その出発点です。しかし，同時に，各人が協働して，その幸福を実現していこうというものですから，協働の前提条件として，各人が参画をして，議論をし，合意を形成していくことが大切になります。新科目「公共」の学習指導要領解説には，次のように記されています。「公共的な空間は，各人が，かけがえのない存在として認められ，よりよく幸福に生きることができるようにし，全ての人々のために共同の利益が確保されるようにすることを目指して，様々な課題の解決方法を議論し，決定し，その実現を図る開かれた空間であることを理解できるようにすることが大切である」と。

藤井：では，どのようなテーマで考えさせるべきなのでしょうか？

土井先生：「自分からみんなへ」という「公共」のプロセスを学ぶためには，ただ議論すればよいというわけではありません。しっかりした議論を行うためには，そのために必要な資料や素材を準備しなければなりません。ですから，先生方には，生徒のみなさんに議論させるテーマを，議論の目的を考えながら，慎重に検討していただく必要があります。具体的には，生徒のみなさんの社会的な関心を引き出すテーマもあるでしょうし，過去にあった事例の中から，議論を通じて合意が形成されていったテーマを用いることも考えられます。過去の事例の中から，合意形成が「上手くいった」あるいは「失敗した」など，ある程度評価が定まっているものを選んで，それを現代風に焼き直して用いることで，生徒のみなさんが考えながら，合意形成の方法を学ぶことができると思います。もちろん，生徒のみなさんの探究する力を高めるためには，いまだ答えが出ていないテーマを取り扱うことも重要でしょう。

藤井：授業に議論を取り入れる上で，他に注意すべき点があるでしょうか？

土井先生：以前，福井大学の橋本康弘先生たちと，小学生を対象にして法教育に関する調査を行いました。小学校2年生，4年生，6年生を対象にして，球技大会で行う種目を決める方法などについて考えを聞くものです。

そもそも，2年生は自分の意見や気持ちが先走ったり，先生に決めてもらおうとしたり，「議論する」「相手の話を聞く」「調整する」というところまで至らない傾向が見て取れました。その意味で，自分の意見は言えるのかもしれませんが，しっかりと議論して，合意を形成できる段階には，まだ至っていないのかもしれません。

意外なことに，少数意見を聞き，じっくり話し合って，民主主義的に決めていこうとする正論が多いのは4年生でした。より発達段階が進んでいるはずの6年生になると，少し状況が変わってきます。「みんなで自分の意見を言い合っても，まとまらないものは，まとまらないのだから，ある程度，議論をしたら多数決で決めて練習を始めよう。勝つことが大事だろう」という意見が出だすのです。やはり6年生になると，少しずつ大人になってきているのでしょうね。これまでに議論を行った経験から，常にみんなが納得する結論に至るわけではないことも，彼らは彼らなりに，彼女たちは彼女たちなり分かってきているのでしょう。私は，このような感覚も，それはそれで大事だと思うのです。

この調査から，私はいくつか学ぶべきことがあると考えています。第1に，先にも触れましたが，議論をするテーマが大切です。球技大会でサッカーをするかバレーをするかは，立ち入った議論の対象になりにくいのです。結局，好き嫌いの問題ですから，考えを深めたり，利害の調整を図ったりすることにつながりません。その意味で，**先生方には，生徒のみなさんに何を考えさせるのかを考えた上で，テーマを選んでいただく必要があります。**

第2に，先ほども述べたのですが，生徒のみなさんの探究する力を高めるためには，いまだ答えが出ていないテーマを取り扱うことも重要です。ただ，答えのないテーマばかりを扱いますと，生徒のみなさんたちは，「難しいなあ」で終わってしまったり，「結局，議論をしても解決しないのではないか」と考えてしまったりする可能性があります。

この点に関連して，6年生に対する調査結果が示唆していることなのですが，**学校教育においても，理想を語るだけでなく，理想と現実が乖離する中で，どのような解決を実際に探っていくのか，理想を実現していくための次善の策や，プラグマティックな技法を学んでいく必要があると思います**。言いたいことを言うだけでよいなら楽ですが，合意を形成することは大変で，知恵や信用，そして忍耐力などが必要になってきます。全てを学校の授業で学ぶことができるわけではないのですが，ただ，きれい事だけでは，かえって失望感を高めてしまうことに注意が必要だと思います。

第3に，繰り返しになりますが，教科の学習において，何のために議論させるのかをよくお考えください。いつまでも，議論すること自体を目的にしているわけにはいきません。例えば，何の知識もないところでただ議論をさせてみても，思いつきを言い合うだけで，考えは深まりません。生徒のみなさんが議論すること自体に慣れてくれば，課題を考えるために必要な見方・考え方や基礎知識を学んだ上で，それを「使いたい時期」＝「議論がおもしろいと思える時期」を捉える必要があるでしょう。

それと同時に，「問題を解決するためには知識が必要で，そのためには勉強をしなければならない」と，生徒のみなさんに思わせるような授業にしていただきたいと思います。新科目「公共」を1年生で学ぶならば，高校での学習の意義を理解させる役割も重要になると考えています。

藤井：主権者教育の一環として「議論」を取り入れることとの関連で，ディベートの手法を用いることはどうなのでしょうか？　私は現職時代，10年ほどディベートに取り組んだのですが，「一次資料を集め分析する」「根拠を持って議論をする」「相手の意見を傾聴する」などを学ぶにはよい手段だと思いました。「死刑制度の是非」などはかなり盛り上がりました。

土井先生：ディベートは，ある考え方に立って主張を組み立て，批判に対して応答していく活動ですから，論理的思考を高める上で有効な学習方法だと思います。また，「死刑制度の是非」は，人間観や根源的な価値観に関わる問題であり，考えを深めるためによいテーマでしょう。ディベートを通じて，それまで漠然と抱いていた価値観に言葉が与えられ，死刑がなぜ必要か，あるいは，なぜ死刑を廃止すべきかを，自らの言葉で説明できるようになることは大切であると思います。

ただ，先ほど模擬議会について申し上げましたが，議論により合意形成を図ろうとする場合には，ディベートとは異なる進め方をしなければなりません。ディベートをモデルにしてしまいますと，2つに分かれて，A案とB案で論争し，多数決でどちらが勝ったかというような展開になってしまいます。しかし，政策を実現する方法は二者択一ではありませんし，合意を形成するために妥協も必要です。その場合には，取り扱うテーマも工夫が必要です。根源的な価値観に関わる対立を取り上げますと，生徒みなさんで合意を形成するのは難しいでしょうね。

大畑：では，経済問題はどうでしょうか？　例えば消費税率引き上げなどは扱いやすいと思うのですが。

土井先生：街作り，あるいは経済・産業政策や福祉政策など，経済的利害に関わる問題は，合意形成に馴染みやすいと思います。ただ，一般論として，合意形成に馴染みやすいからといって，現実に合意形成が容易であるというわけではありません。例えば，イギリスのＥＵ脱退をテーマとして取り上げるとします。脱退に賛成か，反対かという意味では，二者択一ですから，単純な争点のように見えます。しかし，ＥＵに加盟していることによって生じる問題や，脱退することによって起こる問題は多岐にわたりますし，国民投票で脱退の結論が出ているという事実をどう受け止めるかといった問題を含めて考えようとしますと，「公共」や「政治・経済」で学ぶことを全て活用しないと，しっかりした判断ができない高度な課題なのです。この辺りは，生徒のみなさんの学力に合わせて，課題の水準を設定する必要があると思います。

藤井：少し話題を変えたいのですが，新科目「公共」では「ゲーム理論」などが示されていますね。

土井先生：そうですね。ゲーム理論をはじめ，思考実験など概念的な枠組みを用いて考察する活動が，新科目「公共」に取り入れられました。これは，問題の構造を理解するために，非常にシンプルなモデルを提供してくれるからだと思います。ゲーム理論で用いられる利得表も，簡単なものであれば，高校生も理解できますし，そうした表を用いて，囚人のジレンマ，チキンゲームなどの基本的なゲームを学ぶことで，人が意思決定をする際の問題点を理解することができます。複雑そうに見える課題も，原理的には比較的単純であったり，多くの課題に共通の問題構造が見られたりすることに気づくことも大切ではないでしょうか。

また，私の経験では，憲法の授業で，ゲーム理論などを用いると，理系の学生が興味を持ってくれます。おそらく，数理で人間の行動や制度を説明しようとすることで，知的好奇心が刺激されるのでしょうね。「公共」は必履修科目ですから，進学校の理系クラスなどで，少し難易度の高いゲーム理論を用いて授業をするとおもしろいかもしれません。

藤井：また，新科目「公共」では，法教育がひとつの柱になりましたね。主権者教育（政治教育）と法教育の関連性は，どのように考えていけばよいのでしょうか？

土井先生：「公共」の学習指導要領の内容Bにおいて，主として法に関わる事項が独立の項目として，しかも冒頭に掲げられたことは，法教育を進めていく上で，重要な意義があると思います。ただ，あえて申し上げますと，法がひとつの学習領域として認められることには，懸念もあるのです。すぐ思い浮かぶのは，法律の世界は専門家意識が強い方が多いものですから，素人に専門的知識を教えてやろうという態度になったり，タコツボ化したりする危険です。

法あるいはある国の法体系には，重要だと考えられる価値がありますから，それを学ぶことは大切です。しかし，同時に，法は何かについての法，つまり政治に関する法，経済に関する法，あるいは国際関係に関する法なのです。いわば，法は各領域を貫く「横串」で，実際に法を考える場合には，政治や経済などと切り離すことはできません。例えば，市場経済やその仕組みを学ぶことと契約を学ぶこと，労働問題を考えることと労働法を学ぶことは密接に関連します。

私自身は，法に関する問題を抽象的に考え理解することは，高校生にとって難しいと思います。法哲学や法理学は基礎法に属するのですが，「基礎」だからといって，分かりやすいわけではないのです。

その意味では，政治や経済における具体的な事例や課題をあげて，このような問題を解決するために，このようなルールが必要であると説明したり，どのようなルールが必要かを議論させたりするのがよいのではないかと思います。

大畑：今回「公共」の中で，憲法を体系的に教えるようになっていないといわれるのですが，その点についてはどのように考えたらよいのでしょうか？

土井先生：「公共」で人権が取り扱われないという話が広がった時期があるのですが，まったくの誤解です。人権が重要であることは，これまでと同じであって，変わったのはその学び方です。

私も知識を体系的に教えることの意義は否定しません。しかし，憲法の規定の順序に従って，人権について体系的に授業をすれば，高校生は人権を理解し，それを用いることができるようになるのでしょうか。

また，「公共」は２単位の科目ですから，知識を体系的に教える時間を多く確保することができません。そこで，中学校で１度，人権を体系的に学んでいることを前提にして，「公共」では，問題学習を通じて，その知識を活用したり深めたりすることが大切ではないかと考えました。例えば，政治分野の世論と関連づけたり，情報モラルと関連づけて表現の自由を学んだり，経済分野の職業や労働と関連づけて，職業選択の自由や労働基本権を学んでほしいということです。問題解決型の学習の中で人権を取り扱うことを通じて，そのような問題解決の中で憲法が生きているということ，人権が我々の共有する大切な価値であることを理解してもらうことが大切なのではないでしょうか。**人権をひとつの項目に閉じ込める必要はないのです。全ての領域で扱うことができるし，また，そうすることが必要なのです。先ほどの話に引きつけて言えば，憲法や人権を，政治，経済あるいは国際関係を貫く「横串」として授業をしていただきたいのです。**このように上手く工夫してもらえれば，とてもよい授業になるのではないかと思います。その上で，高校生が，もう一度，憲法や人権を体系的に学び直したいと思うのであるならば，「政治・経済」の授業もありますし，大学に進学すれば，教養科目の「日本国憲法」，あるいは法学部の「憲法」の授業もあります。また，人権に関する本も出ているわけですから，生涯にわたって，学び考えてもらうことが大切なのではないでしょうか。

（このインタビューは，
2019年3月12日に行われた。）

小玉重夫先生
（所属：東京大学）

主要著書
・『シティズンシップの教育思想』（白澤社2003年）
・『学力幻想』（筑摩書房2013年）
・『難民と市民の間で――ハンナ・アレント『人間の条件』を読み直す』（現代書館2013年）
・『教育政治学を拓く――18歳選挙権の時代を見すえて』（勁草書房2016年）

藤井：これからの主権者教育についての要望はありますか？

小玉先生：学校全体で実践するというのが，第1のポイントだと考えています。主権者教育を実践する際に，当面，大畑先生や神奈川県の黒崎洋介先生のような公民科の教員が中心になっていくことが現実的にあるとしても，その先では，学校全体を巻き込んでいくようなカリキュラム・マネジメントを考えることが必要で，カリキュラム全体で主権者教育を実践していってほしいです。例えば，ＨＲや生徒会活動，総合的な学習の時間（新学習指導要領では総合的な探究の時間）などをリンクさせて実践していくことが重要です。

２点目は，主権者教育では，高校生を主体として位置づけることが重要だと考えています。現在OECDが進めているプロジェクトである「Education2030」で打ち出されている概念が，「Student Agency」です。文部科学省は「自ら考え，主体的に行動して，責任をもって社会変革を実現していく姿勢・意欲」と説明しています。2015年に出された文部科学省の通知で，高校生の政治活動も事実上解禁されていますし，高校生が政治活動の主体になることが大切です。また，高校生が教育の客体ではなく，自らが主体となって行動するという方向性を模索していく必要があると思います。例えば，愛知県の新城市がやっている若者議会のようなアイディアを学校全体に取り入れていくことを考えていくとよいでしょうね。他にも大畑先生も参加されている「日本シティズンシップ教育フォーラム」(J-CEF）では，「高校生ソーシャルデザインスクール」を立ち上げようとしており，そこに高校生が参加しています。このように，これからの主権者教育は高校生自身が主権者教育の受け手であるだけではなく，主権者教育の主体になっていくというコンセプトを前面に出してほしいと考えています。

藤井：主権者教育で求められる「内容」とは，どのようなものですか？

小玉先生：文部科学省の主権者教育推進会議でも議論になりましたが，**現在，望まれている主権者教育の内容は，具体的な「生の政治素材」です。**教育現場では，「政治的中立」などが気にかかって，生の政治素材を取り上げることに対する躊躇（ちゅうちょ）がまだあるのではないかと思いますが，その点をいかにして克服していくかが今後のポイントになると思います。総務省と文部科学省が全国の高校生に配布した主権者教育の副教材『私たちが拓く日本の未来』でも解説していましたけれど，これまでのように選挙の原則とかルールだけを学ぶのではなく，具体的な政治を取り上げることこそが求められているのです。

大畑：「中立」の問題は，どのように解決できるのでしょうか？

小玉先生：例えば，先に述べた副教材『私たちが拓く日本の未来』でいうと，「政党の座標軸作り」のワークシートがあります。新聞に載っている「党首の第一声」などを参考にしつつ，ワークシートに政党名や党首の名前，政策などを記入し，さらに，争点ごとに各党の政策を座標軸に位置づけて政党の位置関係を比較することなどができると考えています。また，それを参考にワークシートを学校や教員が作ることも可能です。そのワークシートを生徒が授業で埋めていけば「生の政治」が分かり，考えられるようになると思います。

藤井：「中立」の問題ですが，総務省と文部科学省の副教材の指導資料では「対立するテーマを扱うときは，A説・B説をきちんと説明するか，A説・B説の資料（例えば新聞など）を配布して生徒に考えさせる」ことが「中立」を担保することだと説明しています。

ところが，2016年の参議院選挙に向けて主権者教育を推進していこうと機運が高まった時に，ある教育委員会が公民科教員を集めていろいろ説明をする研修会がありました。その研修会の前に，各高校に新聞６紙が届くようにしていたのです。そこで，説明会で指導主事は「中立を担保するために６紙全てを使って授業をしてほしい」と解説したのです。現場の教員にしてみればあまりに非現実的な話です。しかし，そうしなければ指導が入ってしまうので，現場としてはやはり６紙使わないといけないと萎縮してしまうわけです。この「６紙使う」ということに関してはどうなのでしょうか？

小玉先生：確かに新聞が６紙高校に配られるようになったこと自体は悪いことではないと思います。実際，ほとんどの先生方は「１紙」しかとっていないと思うからです。ですから，普段はその中の１紙しか読んでいない先生が，６紙読むと自分の視点を相対化できることもあるのではないでしょうか。その意味で，「モノは使いよう」ですね。ただ，６紙全てを必ず比べなければならないということではないと思います。先に述べた主権者教育推進会議で一般社団法人日本新聞協会ＮＩＥ委員会の人たちと議論した時は，必ずしも６紙を比較する必要はなく，重要なのは何が争われているのか，その論点の本質をしっかりつかむことだという話になりました。それは２紙を比較することでも十分可能だと思います。

それから対立軸についてですが，ステレオタイプ的なものにこだわらないことも重要ではないかと思います。例えば，「憲法改正」に関して言うと，改憲派は「保守・右派」，護憲派は「リベラル・左派」といった対立軸でよく説明しますが，「本当に改憲したいと思っているリベラルの人はいないのか？」という議論も必要なのだと思います。その意味で，立憲民主党の一部の議員が提言している「立憲的改憲論」などの議論もタブー視しないで論評し，生の政治の議論をしてほしいですね。

また素材以外にも，様々な人たちと出会えるような機会を作ることが必要だと思います。論争になっているテーマは，それ自体に「今日性」があるわけです。防衛問題，性の多様性，ジェンダーなど，テーマはいろいろあると思うのですが，教員が設定した課題だけではなく，生徒自身が課題を見つけ探究していく，そのような探究型の授業をしていくことが大事だと思います。

藤井：対立軸に関してですが，ある先生が議員を学校に呼ぼうとした時に，教育委員会がストップをかけたことがあるのです。主権者教育を行っているNPOにお願いして地方議会の議員を呼び，主権者教育の一環というよりキャリア教育の一環として「政治家の仕事」の話をしてもらうという企画を考えたところ，議会の全ての会派から議員に来てもらうようにという指導が入ったのです。しかも「同時」に呼ぶ必要があるとまで指導されてしまいました。それで結局その先生は，その企画を断念せざるを得なかったのです。「政治的な対立」がある場合は，対立軸を持った会派の人たちを呼ぶ必要があると思うのですが，これは明らかに行き過ぎだと思います。

同様の例で，大阪府は府議会議員による出前授業をしているのですが，「議員の仕事」の時は，1人でも1会派でもOKなんです。ただし，政治的に対立があるテーマを扱う時は「私の会派では（私の意見では）……」と，各会派の議員に参加してもらっていました。それでよいと思うのです。

話を進めますが，先生が話されていた「生の政治」ですが，例えば，憲法改正問題なども含みますか？

小玉先生：先日秋田県で，高校の生徒会役員を各校３人ぐらいずつ集めて，参議院選挙で争点になったイージス・アショアについて，その候補地になっている秋田県の与党系と野党系の政治家の発言を紹介し，与党系と野党系の政治家を学校に呼んで議論させるとしたら，あなたたちはどのように司会進行をしますかというテーマで，ワークショップを行いました。各高校，きちんと議論して考えていました。このような身近な論点を扱えば，共通の場で議論できるのではないかと思いました。

藤井：実際に議員さんを呼んだわけではないのですね。

小玉先生：実際には呼んでいません。

藤井：主権者教育の立場からすると，呼ぶことも可能だと思います。論争があるテーマについて議論させようとした場合に，いろいろなメソッドが考えられます。例えば，ディベートという形式にして賛成・反対にきっちりと分かれて，しかもそれが生徒たちの本心とは関係のないゲームとして討論させるというメソッドもあります。また，フリーにディスカッションさせるメソッドもあるわけです。論争があるテーマを扱う時には，どのようなメソッドがよいのでしょうか？

小玉先生：最終的には一人ひとりの思考がどのように活性化されるかということだと思います。その意味では，ディベートで勝った負けたというよりは，実際の議論の中で一人ひとりが判断に迷うような状況にしていくことが重要だと考えています。

例えば，ハンナ・アーレントは「思考というのは1人の中に2人の自分を作ることだ」と言っています。自分を対象化できるもう1人の自分を作ることで，主権者としての主体が成熟していくことを目指すべきだと思います。

大畑：先生の勤務校では，学生たちが行う政治的な議論は，今と昔とでは変わっていますか？

小玉先生：二極化している気がします。受験勉強に追われて必ずしも十分に物事を考えずに生きてきた，そしてこれからも決まったレールの上で何となく生きていこうとする学生と，先ほどお話ししたように，自分を対象化して，自分の人生を考えて社会を変えていく方向に生きていこうとする学生がいます。その「社会を変えていくぞ！」という学生も，いわゆるSEALDsなどに参加する人はそれほど多くはないと思うのですが，NPOなどを立ち上げて子どもの貧困問題を解決しようとしたり，社会問題に目を向けた就職を選択肢のひとつに考えたりしている学生もいます。私が属しているのは教育学部ですが，既存の企業への就職だけではなく，そういう社会課題解決を志向する進路選択をする学生も少しずつ出てきていて，確かに二極化している感じがします。

大畑：かつて学生運動が盛んだった時代でも，必ずしも全員が社会問題に対して関心が高かったわけではないと思います。ただし当時は，社会的関心を持っていた人たちの多くは，権力や体制への「抵抗」という形で活動していたと思います。しかし，今の若い人たちは，意識が高い人たちでも，「抵抗」という形で行動するというより，NPOを立ち上げたりデモのような社会運動に参加したりして，そこに楽しさを求めている人が多いという感じがしています。その意味で，楽しい，興味がある，好奇心がくすぐられる，という感覚を，どこのタイミングで感じるかで，その後の人生で社会的な活動をしていこうとする人間になるのかということに関心があります。

小玉先生：なるほど，第1に，知的な好奇心や「おもしろい」という感覚を持つことが大事なんでしょうね。第2に，やはり，社会的な関心を持つ人たちと出会う，そのような人間関係が大きいかなと思います。そのような人たちと出会うことと，そのような人たちと一緒にやっていくことは楽しいと思えること，その2つは大きいでしょうね。「政治」というのは，今までその両方とも貧しかったと思います。政治談義というと，どうしても従来のステレオタイプ的な政治をつい連想してしまいます。

藤井：ステレオタイプの「政治家像」を壊す必要もありますよね。高知のある県立高校が高校生代表5～6人と県議会議員3～4人で討論会を行っているのを見たことがありますが，これがすごくおもしろかったです。最初の討論会では，国政のテーマとして「集団的自衛権と個別的自衛権」，地域のテーマとして「過疎化を防ぐには？」の2つのテーマで討論しました。前半の国政レベルは高校生には荷が重すぎた感がありましたが，後半の「過疎化対策」は，まさしく「過疎の地域」に住んでいる生徒が，住んでいるからこそできる提案や議論を行ったのです。そのため討論終了後，討論に参加した議員が「先ほどの話，次の議会の一般質問で使っていい？」と承諾をとっていたのです（後日，議事録を見ると，本当に一般質問で使っていた）。このような取り組みは，ステレオタイプな「政治家像」のイメージを払拭させるだけでなく，自分たち高校生も議員と討論できる，という自信や自己肯定感を生むと思うのです。

小玉先生：おもしろい取り組みですね。

藤井：その取り組みに私は参加していたのですが，討論会終了後，学校や生徒に要望したことがあります。討論中は，代表生徒だけで一生懸命討論をしていて，残りの生徒はフロアで自分たちの代表と県議の討論を聞いているだけだったので，次年度から，この討論会の前に学年全体でグループワークを行い，「こういう意見を議員にぶつけてくれ」，「こういう質問をしてくれ」と，意見や質問を代表生徒に預けるという形式にしたらどうかと提案しました。翌年はそうしてくれたのですが，すると，議論の最中にフロアから「ちょっと待ってほしい。私にも発言させてほしい」などの発言が出てきて，学年全体と議員さんとの討論になっていきました。

小玉先生：政治家と高校生の距離が縮まる実践ですね。

大畑：先ほど小玉先生が指摘された，知的な好奇心や「おもしろい」と思う素材そのものの楽しさですけれど，私も高校生と接していて，どのようなテーマが関心を持ちやすいか考えています。小玉先生が今の社会を見て，どのようなテーマを主権者教育の中で扱うべきだと思いますか。

小玉先生：今まさに論争になっているテーマが「今日性がある」テーマだと思います。具体的には，先ほど高知県の高校で扱われた防衛問題やその他に同性婚などの家族生活，ジェンダーなど「論争的」な問題ならば何でもよいと思います。その際に注意してほしいことは，教員がテーマを設定していくパターンと，生徒自身がテーマを選んで探究してくパターンがあるということです。その２つを意識してテーマを選択してほしいですし，その両方を組み合わせることもできると思いますね。

（このインタビューは，
2019年２月27日に行われた。）

大芝亮先生
（所属：広島市立大学）

主要著書
・『日本の外交第6巻——日本外交の再構築』（共編著，岩波書店2013年）
・『国際政治理論——パズル・概念・解釈』（ミネルヴァ書房2016年）
・『パワーから読み解くグローバル・ガバナンス論』（共編著，有斐閣2018年）

大畑：私の授業では，選挙の前に生徒たちに各政党のマニフェストを読み比べさせながら，ディスカッションを行います。その際，憲法改正，外交・安全保障，教育，女性活躍，社会保障などの15テーマの政策分野から3つ，自分の関心があるものをピックアップさせ，そこを中心に調べさせています。そうすると，外交・安全保障や憲法改正などの問題を選ぶ生徒は少ないです。反対に子育て，女性問題，教育などに関心を持つ生徒が多いです。

このような現状から，これからどのような主権者教育を行っていくべきか，専門的なアドバイスをお願いいたします。

大芝先生：これまで高校の政治・経済の教科書作成に携わった中で考えたことから，今いただいた質問に答えてみたいと思います。

まず第1に，公職選挙法の改正で高校生のうちから選挙権，参政権が与えられるようになりましたが，教科書では選挙制度の話がとにかく多いと思いました。初めての選挙なのですから，高校生に対して制度の話をするのはよいことだと思いますが，それだけで実際に投票する時の判断材料を持てるのだろうかと疑問を感じてきました。つまり，選挙や投票の仕組みは分かった。しかし，投票する時にはどこに注目すればよいのかについて，もう少し説明があってもよいのではないかと思います。

例えば，マニフェストは，私たちがどの政党・候補者に投票するかを決める際にひとつの材料になりますが，各政党のマニフェストを比較する場合のポイントはどこにあるのか，これをどうやって調べることができるのか，ということの説明も，もう少しあったらなおよかったかもしれません。さらに，選挙権が与えられたから選挙の仕組みだけ説明するという教科書の取り上げ方では，政治への参加とは選挙で投票することだという認識を強めてしまうようにすら思えます。選挙権は政治参加のひとつの手段であり，選挙権が与えられることで，政治の諸問題への関わりの責任も生じてくる点も強調してよいように思います。例えば，政治や行政の腐敗をどのようにして防止していくのか，そのためには政治資金規正法の仕組みがどうなっているのか，どのように国民がチェックしていけるかを，もう少し説明するべきではないでしょうか。そうすると，政治資金規正法の仕組みや運用の実態などについて解説があってもよかったでしょう。少なくとも，政治腐敗をチェックし，防止していくためには，どのようなデータソースが信頼できるものとして使えるのか，どのようにしてデータソースを探せばよいのか，ということだけでも示してほしいと思います。

まとめると，主権者教育では，主権者として投票する際に何を判断材料とすることができるのか，どのようにすれば信頼できるデータソースにアクセスできるのか，こうした点についてもう少し教えてもよいかもしれません。従来の教科書では，今お話ししたことはなかなか目にできません。

第２に，選挙の時はいろいろ政治の話は出るのですが，選挙後は途端に少なくなる。その選挙後に，国政レベル，あるいは地方レベルの政治や行政をどのようにチェックしていくべきなのかという問題です。

また，制度の面では，「チェックの仕組み」として三権分立の制度だけを解説して終わりにするのではなく，制度の運用の実態についても解説が必要だと思います。選挙と選挙後のチェック，制度と運用，こうした点も重点的に扱う教材があるとよいですね。

３番目として，国政と地域政治の関係についても，より正面から取り組む教材がほしいと思っています。というのも，外交と地域政治がぶつかる問題が結構出てきているからです。沖縄の基地の例や秋田の「イージス・アショア」の話は分かりやすい例だと思います。政府は「地域が大事」と言っておきながら，外交政策とぶつかると，外交政策は国益に基づくものだとして，いとも簡単に地域政治や地域住民の意見は「地域（住民）のエゴ」として片づけがちです。国政と地域がぶつかる時はどうするのかということを考えさせてほしいと思います。いろいろな考えがありますが，沖縄県では辺野古埋め立て問題をめぐり，あれだけ何度も大きな住民投票や選挙を行い，意思を明瞭に示していると思います。あれほど民意を示しても，国が何も聞かないとなると，果たして日本は民主主義国家と言えるのかどうか，疑問すら感じてきます。

外交問題は，地方自治体がとやかく言える問題ではないとする中央政府の態度は，この他にもしばしば見られます。例えば，ひと昔前，神戸に核兵器搭載疑惑のアメリカ船が入る時に，地方自治体は核兵器非搭載証明を求めましたが，政府に外交問題として拒否されました。神奈川県のいわゆる革新系知事の長洲一二氏の時に，横浜で国際非核自治体会議が開催され，一部の参加国から，あかつき丸によるプルトニウムのフランスから日本への輸送反対を決議の中に入れるべきだとの主張がなされました。しかし，長洲知事は，それは国政の問題としてこの主張に反対しました。地方自治体の側にも，県や市の国際政策を推進するとは言っても，国政に逆らってまでもとなると，それ以上は踏み込まない事例も少なくありません。

藤井：やはり，声をあげているのは沖縄くらいでしょうか。

大芝先生：そうですね。沖縄そして秋田も言うようになりましたし，広島・長崎では行政も核兵器禁止条約の批准を求める姿勢を示しています。外交は国家・中央政府が決めるものだということに疑問を持ち，地方自治体や住民もステークホルダーとして意見を述べていくことは，それこそ日本全体としてみれば，より強靭性を持った社会を形成することにつながると思っています。

藤井：なるほど，他にもありますか？

大芝先生：もう少し大きな話になりますが，「政治的な中立性」とは何か，ということは決して自明ではないということです。政治学を学んでいて，これほど難しいことはないです。政治的中立の問題を扱う時，「中立」の定義は学ぶと思いますが，政治的の「政治」とは何なのか。さらに，「この問題は『政治』なのか」という問題は，結構答えるのが難しいですよね。実は「政治的中立」という言葉で，私たちの様々な活動が制約されることも少なくありません。

おそらく，福島の原発事故が起きるまでは，原発「賛成」「反対」という議論は政治性が高かった。だから政治的中立を謳(うた)う環境団体などは，原発問題を取り上げるのには躊躇(ちゅうちょ)するところもありました。ところが原発事故直後は，これはもはや意見対立の顕著な政治問題というよりは，原発の危険性は共通認識で，どうやって原発依存から脱却するかという，いわば方法論の問題という受け止め方が多かったと思います。環境団体なども，反原発を堂々とかざすようになってきました。NPO法が求める政治的中立性に抵触しない，と社会が受け止めているとの認識に基づいています。

しかし，喉元(のどもと)すぎれば，ということで，昨今では，原発そのものをめぐる意見対立がふたたび復活してきているように見えます。ただ，原発賛成・反対の意見を分かつ軸は，政党や政治イデオロギーの違いだけでなく，男女でも分かれていて，特に女性の方が反対の意見が多いという印象は持っています。

それから日本のNPO法やイギリスのチャリティ法などの政治的中立の定義を見ると，特定の政党や主張と結びついているのは政治的中立性の点で問題があると言っている。これに従えば，政治的中立の一番狭い定義は，政党と一線を画すことだと思います。もちろん，問題によっては，特定の政党の考えと重なることはあります。いつもその政党の言っていることに従っていたら問題があると思いますが，テーマごとに特定政党の意見と一致するということはよいと思います。

それから，日本のNPO法では特定の主義主張・イデオロギーにこだわるのは問題があると言っています。

ところがNPO法でもそうですが，最後に「その他」という言葉をつけていることが多い。どのようにでも使える，為政者(いせいしゃ)にとって便利なやり方ですが，言うまでもなく問題を感じます。

いずれにせよ，「政治的中立」ということを，あたかも自明であるがごとく振り回す人もいますが，実際は必ずしもそのようなことはないのです。そもそも「何が政治なのか」とか，「中立とはどういうことか」ということについて大いに議論してほしいと思います。

主権者教育では，以上のようなことを感想として持っています。

大畑：ありがとうございます。実際の授業では，教科書だけでは現実の政治過程が見えづらいので，例えば模擬選挙を実施する時には，マニフェスト，新聞記事，ニュース映像などを使っています。また，生徒たちはだいたいスマートフォンを持っているので，授業の時にスマートフォンで「政治山」というまとめサイトを使って各政党の政策を比較させています。

大芝先生：政治過程について，僕らから指摘しておきたいのは，言うまでもないことですが，選挙の仕組みと選挙の結果はかなり関係性があるということです。小選挙区制は大政党に有利であるということは，授業でも話されているとは思います。他方，政党支持率と選挙結果にズレがあるのはなぜかなどについても，主権者教育の中で大いに取り上げて議論をしてほしい。こうした，いわゆる政治過程についても，高校の授業により積極的に取り入れていただければと思います。

大畑：選挙に行きさえすればよいという話ではないのですね。しかし，日本人全体に言えることだと思うのですが，どうしても「政治に参加する」というと「選挙に行く」ことがまず思い浮かんでしまいます。それ以外の，自分たちの声を届けるデモや請願などを実際にやるのは，なかなか難しいと思います。また，大人の世界でも自由に政治の話をすることが難しくなってきています。例えば，政治に対してタレントが発言するだけで，SNSで炎上してしまいます。そういったところも，ちょっと気になっています。

大芝先生：そうですね。授業で扱う議論のスタイルについて，一言話をさせてください。ディベート・スタイルは多くのところで使われていると思います。私の大学のゼミでも，学生がディベート・スタイルで議論しようと言うことがあります。確かに，ディベートをすると根拠に基づいたいろいろな意見が出て，論点がはっきりする点は非常によいと思います。ただ，学生さんは最後に，どっちのグループが勝ったか，判断してくれと言います。もちろん，それなりに判断を下すことはできますが，言うまでもなく，他の議論の方法もあります。みんなで意見を出し合って，お互い最終的によい意見を築き上げるという方法もあるわけです。

大畑：先ほど，先生のお話の中で行政に対するチェックの話がありました。教科書レベルでは「行政の民主化」という単元で，国会の国政調査権や，地域レベルだとオンブズマンなどを教えます。ただし，これらは教えづらいので，ただ知識を伝えるだけになってしまいがちです。おもしろい授業にしていくアイディアは何かありませんか？

大芝先生：私は専門が国際政治なので，「行政の民主化」については開発援助のところでよく出てきます。世界銀行は「インスペクション・パネル」を作りましたし，アジア開発銀行にも同じ制度があります。オンブズマン制度を導入しているところもあります。開発プロジェクトを実行するために，特定の少数民族を大規模に強制移住させることなども起こり，このようなプロジェクトに融資を行っている国際開発金融機関では，プロジェクトの対象となった地域住民・NGOによる異議申し立てを受けつける制度ができています。本来は，行政の民主化として，行政不服審査制度などを整備していく問題ですが，これが未発達な国では，国際機関による異議申し立て制度で補っているということです。こうした具体的な例をあげていくとよいのではないでしょうか。

大畑：また先ほどのお話にあった地域と外交，あるいは地方と国政が衝突するところです。沖縄の基地問題などを授業で扱うと，おそらく生徒たちは「もっと地域の声を反映すべきだ」「住民投票の判断を尊重すべきだ」という考えに傾いていく気がします。教員側として，そのようなゴールを設定してよいのかという問題があると感じています。

大芝先生：中央政府の役人からすると，もちろん地域の考えを尊重するけれども，地域の声が相互に対立したらどうするのかという問題があります。そして，地域間の対立をまとめるのが中央政府の仕事だと言うでしょう。おそらく，沖縄の基地問題についても，沖縄とだけ話をしているからこうなっているけれども，他府県が基地をより積極的に受け入れてくれるならば，沖縄への基地の集中は緩和できるという可能性があります。しかし，どの他府県も嫌だと言っている。このような状況で，地域と地域の利害調整を行うのが中央政府であると言っているのだろうと推測します。

もちろん，実際には沖縄への基地の集中は，第二次世界大戦後，沖縄が米軍の施政権下に置かれてきたことが大きな要因で，単なる地域間の押しつけ合いの結果だけではないと思います。また，国政選挙では，沖縄問題だけが争点ではなく，他の争点ももちろん含まれて決まります。そして，選挙で多数派を得た政党が沖縄問題を含めて全てを統括して政治を動かすことになります。これでは，いわば多数の横暴がまかり通りかねないので，地域での住民投票の制度が設けられているわけです。

大畑：選挙というものは，最終的にあらゆる争点をパッケージにして選択することになります。しかし個々の争点で見ると，必ずしも自民党の政策が支持されているわけではない。でもそうなると，あらゆる問題について，住民投票や国民投票をやるべきなのかという疑問を生徒たちは持つと思います。

大芝先生：イギリスの例を見る限り国民投票もそんなによいわけではないと考える人もいると思います。あるひとつの制度でOKということではなく，様々な制度をどのように組み合わせて用いていくのが望ましいかを考える必要があるということになります。現実の政治では，ベストなものはそう簡単にはなくて「どれが最悪でないかを選ぶ」，その覚悟を持って，よりましな社会を作るしかないと思うのです。民主主義もベストでも何でもなく，他の制度よりもましなだけである，と言われます。

そう考えると，**主権者教育では民主主義だけではなく，より根源的な人権について教えるべきでしょう。民主主義はあくまでも手段です。主権者教育の目的は，多様な人々の人権をどのように保障するか，そしてそのために，主権者である私たちはどのように行動すべきかについて，自分の考えを持つようにすることなのでしょうね。**

藤井：人権以前に「手続きとしての民主主義」が確立されていないこともあります。

大芝先生：そうですね。民主主義は手続きだとすら言われるほどですから。このことに関連して時々聞こえてくるのは，校則の変更を求めて生徒たちが署名活動をしたのに，生徒指導の先生がこれを握りつぶしたというような話です。一方ではこうやって抑えておきながら，もう一方では主権者教育をやっているというのは矛盾しているではないですか。

このような結果になるのは，先生方の思考様式の中に「署名運動をする生徒は問題だ」という意識，民主的手続き以前の考え方があるのだと思います。生徒の意見というのは，先生方の「民主的手続きの対象」に入っていない。つまり，民主的手続きは生徒と教員の関係には適用されないという発想なのではないでしょうか。

仮に，学校の生徒指導の先生の言い分があるとして，それを認めたとしても，先生方には説明責任があるのではないでしょうか。誰が，どこで，どのようにして決めたのかという手続きの問題，またどのルールに従った手続きなのかを生徒に説明する必要があると思います。学校という組織のガバナンスという点で必要なことでしょう。こうした行動を示す学校では，あえて授業で「ガバナンスとは何か」ということを教えなくても，生徒は理解できると思います。

藤井：いまだ学校には，曖昧(あいまい)な「慣習」が生きていますからね。

大芝先生：「慣習」という曖昧なものではなくて，明文化された手続きの規則を決めていく必要があると思います。この話で考えたいのは「子どもの権利条約」です。

国際法が成立すれば，その趣旨に沿った国内法の制定が求められます。「子どもの権利条約」の諸条項に対応した国内法がないと思えば，その制定を求めていく必要があると認識することも，主権者として大切なことだと思います。

藤井：まだまだ日本の学校教育の中では，パターナリスティックな感じで，生徒を押さえつけたり教え込んだりするのが教育だと考えている人がいるのです。

大芝先生：では，主権者教育が必要なのは生徒ではなく先生方ですね（笑）。

専門の国際政治に照らして言わせてもらうと，**国際社会にはいろいろな人がいます。まともな人もいれば，まともでない人もいる。国際社会はみんなそうだから外交が必要になるわけです。**もし，全ての人が物分かりのよい理性的な人間であれば，外務省も防衛省もいらないのですが，実際はそうではない。考え方の違いはあるし，考え方の違いどころか性格が悪い人も国もいる。しかし，その中でもどうにかして共存しながら生きていく方法を考えるしかないわけで，それが外交なのです。世界には，民主主義国家もあれば，民主主義に同調しない国もある。そのような国際政治の中で，我々は自分の考えることをどのように主張するか，どのようにその賛同者を増やしていくか，どのように仲間作りを進めるかを考えるのです。これを考えることが国際政治を学ぶということなので，これからどんどん勉強してほしいですね。

大畑：そのような観点で言うと，模擬国連を取り入れるのもよいと思います。あるテーマについて，生徒たちは割り当てられた国の立場で議論していくわけですが，その国のことをいろいろ調べる必要があるので，とても勉強になると思います。

大芝先生：私も大学生の模擬国連に携わったことがあります。テーマは毎年変わりますが，国連総会や理事会に出てくるようなテーマを選んでいます。そのテーマに沿って，参加者がある国の代表として議論をしていく。人によるシミュレーションです。模擬国連を通して学ぶことは，例えばナイジェリアならナイジェリアの立場に立って自国の意見をまとめ，その意見を他国と交渉し，調整していくわけですから，相手の国の立場を理解することになります。それは，やはり外交に必要なことです。自分たちの主義主張は正しいと考えることはそれはそれでよいのですが，それに反対する人の思考様式はどのようなもので，この国はどうしてこのような行動をとるのかを理解することも重要です。相手の行動様式が分かれば手の打ちようも分かるということです。そのためにも相手の意識・行動パターンというのを分析しないとダメです。一般的に言えば，敵を知って初めて作戦が立てられるということです。

民主主義でない国がどんな制度でどのような思考で国家運営をしているかを学ばないと，結果を生み出す交渉はできません。相手が民主主義国家ではないので理不尽なことを言うだけでは，交渉は失敗に終わります。外交は妥協点を見つけて，一歩でもましな結果を出さなくてはいけない。だとすると，相手の思考様式を理解することが戦略的・戦術的にも必要になるわけです。

大畑：模擬国連のテーマを考えると，やはり環境問題などは取り組みやすいのかなぁと思います。ただし，環境問題でCO_2の規制をすべきかどうか，各国の立場で議論しようとしても，深みのある議論にまで持っていくのは難しいと思います。結局，先進国vs発展途上国という構図で議論することになってしまうのではないでしょうか。

大芝先生：大畑先生がおっしゃったことが，これまでの模擬国連の限界だと思います（今は変わってきているかと思いますが)。基本的に単位が国家で，国の代表という立場での議論なのです。国内は本当にまとまっているのか，国内で利害関係があるのではないかという疑問もありますが，そもそも国連では国内政治について突っ込んだ議論はできない。それに伴い，模擬国連でもそこの部分はあまり出てこないと思う。ところが現実の国家間関係を見ると，かなり国内政治に影響を受けるところがあるわけで，それぞれの国内事情をもう少し考える必要がある。

そのように考えると，模擬国連でも，国家の代表だけでなくNGOの代表なども含めてくると，もう少し視点が変わってくるのではないかと思います。

大畑：最後に，これまでの現代社会や政治・経済の教科書でも，国際政治の分野で核兵器の問題は扱われています。新しい学習指導要領で新設された「公共」でも，日本の安全保障問題に関する箇所で核問題に触れています。ただし，核問題は，広島や長崎への原爆投下を中心に，小学校の頃から平和学習という形で学ぶことが多く，現代の国際政治における核政策はなかなか生徒たちにもピンとこないという課題があります。そこが苦労しているところなのですが，何かよいアドバイスをいただけませんか？

大芝先生：私は現在広島の大学に勤務していますので，この点は何としても頑張りたいことです。まず，核兵器の非人道性について理解を深めてほしいと思います。核兵器の破壊力の凄さとともに，きわめて非人道的な兵器であることを，様々な教材を通して，理性と感性の双方で受け止めてほしいと思います。もうひとつは核兵器禁止条約などを題材にしながら，生徒たちに今後の日本が核兵器禁止条約に加盟すべきかどうか，なぜ政府は加盟していないのか，いかにすれば加盟できるのかなどを，ぜひ議論してほしいと思います。その際，ノーベル平和賞を受賞した「ICAN」の活動やこの条約の成立過程について知ることも重要だと思います。さらに，北朝鮮の核開発を事例にすると，この問題が日本にとって直接的に関わる問題であり，解決策を考えることは日本の外交・安全保障政策にとっていかに重要な問題であるか，わかってもらえるのではないでしょうか。この他，マーシャル諸島などの被爆者を含め，いわゆるグローバル・ヒバクシャの問題，さらに少し古くなりますが，1995年の米国スミソニアン航空宇宙博物館での原爆展の中止とアメリカン大学での開催など，ぜひ取り上げてもらいたいものがあります。このように核兵器の問題は，現在進行形の深刻な問題であることを学んでほしいと思います。

（このインタビューは，
2019年6月8日に行われた。）

飯田泰之先生
（所属：明治大学）

主要著書
・『これからの地域再生』（晶文社 2017 年）
・『マクロ経済学の核心』（光文社新書 2017 年）
・『デフレと闘う――金融政策の有効性』（共編著，日本経済新聞出版社 2018 年）
・『日本史に学ぶマネーの論理』（PHP 研究所 2019 年）

藤井：こんにちは。今日はよろしくお願いいたします。まず，飯田先生には経済学の立場から，高校生にどのような主権者教育の授業を行ってほしいかを中心に，政治や経済の授業へのアドバイスをいただきたいと思います。

飯田先生：大学の1年生向けの経済学の授業で話すことが多いテーマに，経済成長と景気循環，所得分配の3つがあります。この3つのテーマはもちろん全部が関連しています。例えば，分厚い中産階級が存在するから需要があって経済が成長し，成長しているからこそ，その中で好景気と不景気が生じるわけです。このように3つは独立のものではない。ですが，これまでの政治・政策を見ると，この3つのどこに軸足を置いているのかがよく見えてくるのです。

例えば，分配を軸に，経済成長と景気循環の問題を語ろうとしている政治家がいます。また，経済成長をもとに景気循環とか分配を語ろうとする政治家もいます。さらに，ある程度の好景気を維持することこそが分配や成長のような長期的な課題に対応する手法なんだという政治家もいます。

ではこの3つのどれが正しいかというと，経済学の中でもコンセンサスがあるわけではありません。私自身は，景気循環は，短期循環の積み重ねが長期循環になると考えているので，景気循環を重視しています。ただし，これはひとつの立場にすぎません。誤解を恐れずに言えば，経済学者の中では経済成長重視の人が半分ぐらい，そして残りのさらに半分，つまり全体の4分の1が景気循環，同じく4分の1が所得分配を重視するイメージだと思います。この3つのどれを重視するかは，それぞれの政権や政党が置く軸足によって異なるわけです。

ですので高校生や大学生に,「本当に分配の問題を解決したら経済が成長するのか」とか,「経済が成長したら本当にみんなが豊かになれるのか」とか,「景気の問題が解決したら何がどのようによくなるのか」を考えさせるのはおもしろいと思います。高校生にせよ大学生にせよ,就職直前だと目先の景気循環が一番大事だと思うでしょうね。ですが長期的には経済成長や所得分配の方が大切だと考えるかもしれません。このように,3つのどれを重視するかを考えさせる授業はすごくおもしろいと思います。

私は最近,所得分配に関心を持っています。ところが所得分配をテーマにすると,「悪い平等主義で社会主義はダメになりました」といった,すごく浅い議論が結構多いのです。そのような議論ではなくて,「平等とは何だろう」,または「所得上の平等とは何だろう」と考えることは,結構おもしろいテーマだと思うのです。分配問題というのは,結構熱い議論になります。例えば,旧ソビエト連邦はまったく平等な社会ではなかった。確かに,超基礎的なパンとジャムとウォッカは安定供給されるが,それ以外の配給物資は,受給権の優先順位が共産党の職階に応じて決まっているので,まさしく「分配に格差」があった。しかも共産党の職階は,お金ではなくて共産党にどのくらい貢献をしたかとか,党幹部の誰の子どもだといった話で決まっていたのです。社会主義の失敗は,本来は計画経済にあるにもかかわらず,格差・分配の話にすり替わってしまうことがある。この誤解が教育から始まったのかメディアによるものなのかは分かりませんが,みんなが平等だと「頑張るインセンティブ」がなくなるから,国民全員が頑張らなくなってしまい経済が成長しなくなったというストーリーに落とし込まれてしまいがちです。この議論を転換させることは重要だと思います。ひょっとすると「所得分配上の平等は,経済成長の足かせにならないかもしれない」というテーマになるわけです。大変興味深い議論です。

少し話はずれますが,経済成長について言うと,例えば日本はもう人口減少期に入ったので経済成長はできませんという議論があります。一番データがそろっている世界銀行のデータだと,ある国の過去20年間位の人口増加率と経済成長率を比較すると,たいした相関関係はありません。厳密には統計上の検定をすると，一応有意に影響を与えてはいるんですが，多くの要因の中のひとつと考えた方がいい。人口は決定的な経済成長要因ではないのに，なぜ日本人は経済成長といえば「人口と関係する」と思い込んでしまうのでしょうか。

私の仮説は，日本の高度経済成長期は一番人口が増えていた時期なので，それが原体験のようになっているのではないかというものです。つまり「思い込み」ですね。実は中国人の留学生にはこの感覚があまりないのです。人口爆発状態の時は経済成長とは無縁で，「世界の工場」といわれるような高度成長が始まったのは人口爆発期以降ですから。

藤井：なるほど，その通りですね。

飯田先生：経済成長についてですが，少し前の世代まで，経済成長はあまりよくないことだと学校で教えられていた世代がいると思います。論壇を見ていても，ある一定以上の年齢の方にすごく強く残っている印象です。しかし現在では，正直に言って経済成長がないと，生活にしろ何にしろ相当厳しいわけです。だからこそ，雇用を改善した安倍政権の支持率が，比較的若い世代ほど高くなる。この点は，1回データをとって検証したいと思うのですが，現在の自民党・公明党政権は経済に関して経済成長，景気循環のどちらかに寄った発言が非常に多い。所得分配は「おまけ」という感じなのですね。日本維新の会ですとより成長寄りです。他方で，立憲民主党はまだちょっと経済政策のスタンスは固まっていないようですが，所得分配を切り口にする傾向がある。一方で，なぜ格差の是正が経済の改善に結びつくのかは示されていないと感じます。**成長や好景気によって分配を改善するのか，分配を直接改善することから始めるのか……「そのどちらがリアルな経済政策の方向性なのか」を考えさせる授業はおもしろいかもしれませんね。**

藤井：なるほど，経済政策はもっと厳密に分析しないといけませんね。そのためには，私たち教員側ももっと勉強しなければなりません。主権者教育への要望はありませんか？

飯田先生：私が大きな課題としているのが，投票先を選ぶ基準についてです。**小選挙区制と比例代表**

制について，投票先を本当に同じ基準で選べるのでしょうか。これは主権者教育の大きなテーマになりうると思います。

比例代表制は，確実に政策で投票先を選ぶべきですが，小選挙区制は果たして同じ基準で投票できるのか。どちらかというと小選挙区制は「人」に投票しているという側面があると思います。その意味で，衆議院は小選挙区制になって，投票先を選びにくくなったのではないでしょうか。以前の中選挙区だったらもっとストレートに「人」にできるはずです。例えば，「普段は自民党の支持者だけれども，うちの選挙区の民社党の○○先生には本当にお世話になっていて人柄も信頼できる。だから選挙区では民社党の○○先生に入れる」というのは普通の投票行動だったと思います。ところが，○○先生は国会議員になったとたん公約通りの投票行動ができない。なぜならば，党議拘束があるからです。選挙の時に各政党はあらゆる争点で論争しますが，いざ選挙が終わり国会が始まった時，あらゆるテーマについてレファレンダム（国民投票）をやるわけにはいかない以上，結局私たちは，誰に委任するかを考えなくてはいけないわけです。その時に，比例代表制の「政策」か，小選挙区制の「人」なのか，衆議院も参議院も比例区と選挙区がありますから，その投票基準は本当に同じでよいのだろうかを考えるべきだと思います。

大畑：選挙区制では人物本位で選んだ方がよいのかもしれません。ですが，小選挙区制の下では各政党とも立候補者を1人しか立てられないため，有権者にとってみれば人物本位で選ぶことが難しくなっているという状況があります。

飯田先生：そうですね。現在の衆議院選挙（小選挙区比例代表並立制）ですと，小選挙区制と比例代表制が明確に違うような違わないような不思議な仕組みになってしまっています。ですから，例えば，模擬投票をする際には，小選挙区の投票先を決める時に，比例代表制と同じ基準で選んでよいのかを生徒たちに考えさせるとおもしろいのではないでしょうか。

大畑：初めの方のお話で，経済成長，景気循環，所得分配の面で，各政党や経済学者の軸足が3つに分かれているということでした。これを主権者教育の場面で，アクティブ・ラーニング型の授業で学ばせるとしたらどのような内容が考えられますか？

飯田先生：経済成長，景気循環，所得分配の3分野を組み合わせたり，前後に並べてストーリーを作ってもらうという授業が考えられます。

例えば，経済が成長するということは所得そのものが増えるわけです。所得が増えたらそれを誰に分配するかという分配の話が容易になる。つまり，誰かから削って誰かに与えるのではなくて，増えた分を分配することになるので再分配への抵抗が小さくなるわけです。そして所得や分配が安定して，豊かな消費者が増えれば景気循環も安定化するというストーリーが1つできると思います。

2つ目のストーリーとして，景気をしっかり改善すると失業率が下がる。失業率が下がると所得分配の問題で考えるべき最も貧しい失業者や仕事に就けない人が減る，または人手が足りないので給料も上がりやすくなる。さらに，働きやすくなる社会では需要が増えるので，経済が成長するというものです。

3つ目の所得分配ストーリーだったら，このように貧富の差がある社会だと，お金持ちはどんどんお金を溜め込んで，貧乏人はどんどん貧乏になってしまう。しっかりと所得の再分配をすると「まあまあ」ぐらいの所得の人が増えていく。そのような人は安心して消費するので，その消費が景気を改善していく。景気がよい状態が続くと結果として経済成長になっていくというものです。

このように，それぞれどれを起点にしても社会全体がよくなるストーリーを描けるわけですが，その3つのうちのどれにリアリティを感じられるかというのは，「どの政党が好きか」という問題にもつながるのではないでしょうか。

すごく簡単に戦後の各国経済史を見ると，先ほど示したストーリーのどこから始まったかが分かります。例えば，北欧のように所得分配を軸にしたところもありますし，アメリカのように伝統的に経済成長を軸にしたところもあります。一方で，景気循環をしっかりとコントロールしたことによって経済成長に乗れたのは，リーマンショック後のアメリカやイギリスで，うまく乗れなかったのはヨーロッパ大陸だと言えます。ただし，その3つのどれが正しいかということではなく，どれも上手にやれば結果を達成できるのです。ある意味で，循環論法みたいになっていて，どこからその循環を始めるかでストーリーが分かれるし，リアリティが感じられるかの好みが分かれるのでしょうね。

さらに主権者教育のテーマとしては，「あなたが政権を任された時に，論理的に歴史的に上手くいく可能性がある経済政策はどれか」を考えさせたり提案させたりすることも考えられます。先ほどあげた3つのストーリーのうち，どれに説得力を感じるのかということです。この議論は，「好み」とか「直感」とか「実体験」によって様々な展開を見せるかもしれませんが，3つのストーリーとも本来は論理的に成立します。どれも間違いではないわけですから，今の若い人たちには議論しやすいのではないでしょうか。政治や経済の授業で議論しにくいのは，答えに正解と不正解がある場合が多いことも一因ではないでしょうか。実際には，環境とか状況によってどれが政策として正しいかを経済学者は考えます。純粋に理論だけで考えるならば，どれも不正解ではない。例えば日本の場合だと戦後改革とその後の税制改革でかなり資産・所得の分配が行われました。その結果がかつて「一億総中流」と呼ばれた日本の社会構造を生み出した側面もあります。これを成功と捉えるのか，文化や技術への巨額の支出を行えるスーパーリッチ層がいない社会にしてしまった失敗と捉えるのかも，興味深い見解の相違になりうるのではないでしょうか。

藤井：なるほど，そうですね。

飯田先生：この「スーパーリッチ論」はナショナリズムとリベラリズムの関係性にも変化をもたらしうるといえます。デイヴィッド・ミラーという政治学者は，「リベラリズムまたはリベラル諸政策の前提はナショナリズムである」と主張します。この考え方は，いわゆるナショナリスティック・リベラリズム（＝リベラル・ナショナリズム）といわれていますが，今こそ見直すべき論点ではないでしょうか。**例えば，このように問うわけです。「みなさんは，世界の人々はみんな平等であるべきだと思いますよね？　では，所得再分配をする場面を考えてください。間違いなく日本のホームレスよりもアフリカの貧しい子どもたちの方が貧しいはずなのに，なぜホームレスに支援をするのですか？」**

この問いを考えさせることは有益でしょうね。その根拠となりうるのがナショナリズムです。本当のリベラルであれば，国籍も肌の色も居住地も関係ないはずです。だから，例えば，ヨーロッパに比べてはるかに貧しい状況で働いている人をヨーロッパに連れてきて，現地の時給の3倍で雇うことは素晴らしい政策ではないか。その意味でドイツのメルケル政権が，外国人を受け入れて彼らに雇用を与えているのは，本来のリベラルな政策だと言えます。しかし，この政策は，ドイツ国内のあまり技能が高くない労働者に対して，発展途上国の人間と同じ賃金で働けということを意味します。移民を受け入れるという政策は，一見リベラルなようにも感じる。しかし，そこで考えなくてはならないのは，その政策によって誰が一番得をするのかということで，人件費を安くできる経営者・資産家が一番得をしている。

ここまで議論して，「あれ待てよ。世界の人々は平等であるべきであるという理想の下で，お金持ちに一番有利な政策が粛々と進んでいるのではないか」ということに気がつくはずなんです。例えば，アメリカのトランプ大統領は，「民主党リベラルは外国人の権利を確保すべきだと言うが，実は外国人の働く権利を確保することはアメリカの労働者の給料を引き下げるか，または職を失わせることになるのだが，それでいいのか」と批判したわけです。純粋なコスモポリタニズム（世界市民主義）に立つならば，別にベトナム人であろうがフィリピン人であろうがアングロサクソン・ホワイトであろうが同じ条件なのだから，時給3ドルで働けと言えばいいわけです。

一方で，ナショナリズムを出発点に分配を考えると，問題はより解決可能な形になりえます。同じ日本人だから助ける，同じ民族だから助けるというだけの話になりますから。なぜアフリカの難民より日本の母子世帯を助けるのか。同じ日本人なのだから当然だと言うわけです。

その結果，基本的にはナショナリズム指向，または国民主義的傾向のようなナショナリスティック・エスノセントリズムのある政権の方が現実の分配政策を実施しやすい場合もある。確かに貧しい人を助けなければいけないことは分かるが，その貧しい人とはどの範囲であるかということは大きな問題です。同じ言語を用いる，同じ価値観を共有している，知り合いであるなどのように「ウェットな関係」の中でしか分配は進まないのではないかと考えるわけです。先ほどアフリカの貧しい人たちの話をしましたが，コスモポリタニズムの考え方に従うべきなのか，共同体または自分の世界というものの範囲や区切り方で考えるべきなのかは，当然選択の問題です。同じ日本人だからまず助けるという考え方もひとつの見識だと思うし，日本の貧困層よりワクチンも打てないアフリカに財政支援をする方が正しいという人がいてもよいのです。どれも正解はなく，どちらかをよいと選択するだけです。このような議論を授業で行うことで，分配や平等という考えが深まると思います。

大畑：そうですね。教科書では日本の貧困問題とか相対的貧困率を扱う部分と，グローバル経済や南北格差のようなテーマを扱う部分とが離れてしまっていて，まったくクロスして議論されていないのです。日本国内の貧困にしろ，途上国の貧困にしろ，生徒たちは個別に教わってきていて，それらを関連させたり，自分のスタンスについて考えたりする機会がこれまでほとんどなかったと思います。

飯田先生：ですから，「なぜアフリカの子どもよりも日本の貧困家庭を支援するべきなのか，またはしないべきか」のようなテーマで考えるのはとてもおもしろいと思うのです。結構前の話ですが，ある教室でブタを1年間飼育し，クラスで最後に食べるかどうかを決めるという授業があったそうです。映画にもなりましたが，ここから食の大切さを教えるというテーマ設定はミスリーディングだと感じます。見たこともない抽象的な存在であるブタと，目の前にいるPちゃんは違う。つまり，自分が見たことがある，聞いたことがある，話したことがある対象とそうではない対象ではまるで別のものだと考えるのは自然なことなのではないでしょうか。

例えば，自分の子どもが死ぬとなったら絶望の淵に落とされる。怪我をしただけでも本当に悲しいしつらい。自分の子どもだけではなく自分が話したことがある友達の友達の子どもでも，結構強く感情が動かされます。その一方，日本国内，さらには世界中では今日も数えきれない子どもたちが不幸な理由で亡くなっていますが，それに対して身近な存在と同じ強度で感情が揺り動かされることはないわけです。

この「距離感」というものが感情を動かし，その感情が先ほどからお話している「分配のもと」なのではないかと思うんです。そのように考えると，これまでいわゆる知識人が嫌ってきた「同じ日本人だから」といった感覚が失われると，たぶんリベラルの政策も取れなくなるのではないかと感じられます。

近年のリベラル政党の退潮のひとつの理由が，その構成員や論点のエリート化にあるという指摘があります。人類の平等やマイノリティの権利は確かに重要な課題です。しかし，多くの人にとっては自身の職の安定や公共サービスの方が優先順位は高い。フランスの経済学者トマ・ピケティは，崇高だが市民にとって優先順位の低い理念を主張するエリートかつリベラルな人々を，「バラモン左翼」と名づけています。お偉い人がよく分からないお経を唱えているだけで響かないというわけです。

国民経済，国民の職の確保，公共サービスの充実に重点を置いた政策は，ともすると左右問わないエリート層からは「ポピュリズム」とくくられてしまう。しかし，高い失業率に悩む旧工業地帯を中心に，少なからぬアメリカ国民の心を捉えたからこそトランプ大統領は誕生したのです。

日本のリベラルも今どちらに向かうのか考えないといけない分かれ道にいると思うのです。同じように，私がよく指摘するのは，高卒の国会議員は本当に少なくなってきている。国会議員どころか県議会議員，市議会議員にもほとんどいないと思います。そうすると工場労働者，中小事業者にとっては，議員というのは自分と関係ない人たちで，誰に向かって何を言っているかも全然わからない。しかも誰の味方かもはっきり言ってくれない存在になっているのです。その中で，誰の側につき，誰のために主張するかをハッキリさせることは，「リベラルとは何か」とか「再分配は何のためにするか」といったことを際立たせて議論できることにつながると考えています。

藤井：立場をハッキリさせて議論させるためにはどのような点に注意する必要があると思いますか。

飯田先生：例えば学生に，アフリカの貧しい子どもと日本の貧しい母子家庭または身体障害がある方のどちらを助けるべきだと思うかと問うと，国内を優先するべきだという意見が多いのです。別にその学生がナショナリスティックな考え方を持っている云々ではなく，海外のことは国内のことが上手くできてから手を出すべきではないか，あるいは余暇やお金が余ったら行うものではないかという答えが返ってくる。今の大学生はみんな優秀なので，だいたいよいこと，つまりポリティカル・コレクトなことを言うのです。しかし，全部ポリティカル・コレクトなことを言うと，実はそれらは矛盾することが多いのです。全ての人は平等，貧しい家庭は助けるべき，これだけでも矛盾しています。よい子の難しさなのでしょうかね。

藤井：私も，教職に就いた40年近く前と，今の高校生は全く違う人間だと思います。本当に優しくなったし対立を嫌うようになりました。「いじめ」などが取りざたされたのも一因でしょうね。そのような「よい子」ばかりになると，議論の文化がなくなって，正解だけを求めていくことになるのでしょうか。

飯田先生：そうですね。本当に「きれいごと」を答えるようになっています。アンケートでも同じで，アンケート調査をする時いつも議論になるのですが，「いい子ちゃんバイアス」というものがあるのです。匿名のアンケートなのに，社会的に正しいと感じる方にみんな○をする。アンケートを取る時はそれなりに選択肢の工夫をするんですけれども，匿名なのに，あるいはネット調査なのになぜ「いい子ちゃんバイアス」がかかるのか，心理学の方に研究してほしいですね。

（このインタビューは，
2019年4月3日に行われた。）

第2節　専門家のアドバイスから何を学ぶか

1節では，6人の先生方から貴重なアドバイスをいただいた。2節では，各先生方のアドバイスから，今後の主権者教育にはどのような内容や方法を取り入れるべきかをまとめたい。6人の先生方のお話から，様々な主権者教育のヒントが得られる。それらをまとめることは，これから主権者教育教材を作成される先生方にとって有益だと考えるからである。なおページが付してある枠の中は，各先生のインタビューでの発言を引用してある。

1. 佐々木先生のアドバイスのまとめ

p.6

メディア・リテラシーの確立でしょうね。「政治的な事実」というのは，そもそも脆さを持っているわけです。例えば，過日報道された統計問題がそうです。また，長らく防衛費はGDP比1％以下に抑えると言っていましたが，内閣が経済の伸びについてちょっと数字をずらしたり，GDPの計算方法を少し変えたりすると「政治的な事実」が変わってくるわけです。そういう脆さに，私たちは今まで以上にぶつからざるを得ないようになっています。前回のアメリカ大統領選挙の時に，アメリカではフェイクニュースが飛び交いました。トランプ氏は「自分以外の発言は全てフェイクニュースだ」とまで言っていました。そのような情報に関する危うさは，この2，3年間に起きた非常に大きな変化です。そういう意味で，高校生のリテラシーの確立が必要になり，そのための教育をしなくてはいけなくなってきています。

メディアリテラシーを授業でしっかりと身につけさせたい。

そもそも人間は間違う動物であり，その間違う可能性をできるだけ軽減してくれるものがリテラシーなんです。間違う可能性を否定して，自分は絶対的な真理を求める姿勢がとれると考えてしまうと，自分以外の価値を一切認めないようになって，ヘイトスピーチみたいな排外主義を招きかねないのです。

p.7

ポピュリズムに陥らないようにするための「リテラシー」を育む教材を作成してほしい。

例えば，選挙権の行使の問題です。日本の選挙は秘密選挙ですから，自分がどこに投票したかということを，他の人にしゃべる必要はまったくない。ただし，自分はなぜあの政党に，あるいはあの候補者に投票したのかということを反芻する機会を，年に何回かでも設けることが必要でしょう。時々は，苦々しくても思い出す。そのような自己対話というのか，自己点検をすることが大切でしょう。

p.8

模擬選挙のあと，「振り返り」を行わせてほしい。

日本の場合は，政党のイデオロギー性が強くありませんし，国民にとって「よいテーマ」だと思うと，どこの政党も同じようなことを主張するんですよね。それで差別化ができないようになっている。

p.9

「保守 vs. 革新」「右 vs. 左」の政治的対立軸は溶解しつつあるとはいえ，やはり授業でしっかり教えるべきだろう。

p.9　きちんと分析していくと，例えば，現代的な社会保障政策の問題を議論しているのだけれども実際のところは世代間の問題になっているというような話がたくさんあるわけです。

「何十年後の日本あるいは世界」を考えさせたり，世代間の視点から政策を検討させたりする必要がある。

p.11　「事実」に対する関心の持ち方の質を上げてもらうというのが，やはり一番基本だろうと思います。現実というのはいろいろな可能性を持っているので，それを高校生に気づかせてやる必要がある。そういう意味では「事実」というものをあまり簡単に処理しないで，特に社会的事実を理解してもらうためには，いろいろな知的準備段階が必要だと思いますね。

新科目「公共」の大項目 A で取り上げられている「見方・考え方」「概念」などが身につく教材にしてほしい。

p.12　あえて大事な言葉として「希望」をあげておきます。希望というのは政治にとってやはり大事です。ただし，希望には２種類ある。「虚しい希望」と「虚しくない希望」です。我々が目指すのは「虚しくない希望」の方です。「虚しい希望」というのは，根拠もなく，ただいいことがないかなと思っていて，事実を無視し，ある種の願望にすがる「根拠なき希望」です。それに対して，「虚しくない希望」，つまり「根拠ある希望」というのは，例えば努力をすることによって成果を上げるとか，事実がついてくるというようなことです。

「根拠ある希望」を持たせることを主権者教育の目標にして欲しい。

2. 宇野先生のアドバイスのまとめ

主権者教育というのは言葉の矛盾ですね。主権者というのは一番偉い人なんです。なぜその一番偉い人が「偉い人である」ために勉強しなくてはいけないのだろうか。自分たちで全て決めることができるのに，主権者が主権者であるために，まず勉強しなさいと言われたら変ですよね。 p.15

現実の政治問題・社会問題について，生徒自身が考え，行動に移せる教材を作成してほしい。

理屈としては宍戸さんがおっしゃったように，「いやいやあなたは強制されているわけではないよ。あなた自身がちゃんと学んで，人と議論ができて，そして人と一緒に働いていけるようにならなければ，あなただって困るでしょう。ですからあなたが一人の人間として社会を生きていくために勉強していくのですよ。そして主権者になっていくのですよ」という「内面的にあなた自身にとって必要でしょう」という理屈と，「実際には外在的に強制されている」という側面と，双方から主権者教育の必要性の説明がつくわけです。高校生は，どちらの説明に納得しますかね？ p.17 18

主権者として，内面的・自発的な動機を持たせる教材がほしい。

p.18 何を今さら「主権者様」になるために，勉強しなければいけないのか。「好きなものを自分で買えばいいはずだ。それで十分じゃないか」という人に対して,「いや単に商品を買って，その選択したことだけで主体的であると考えるのは間違いである。主体であるとはもっと幅広い深い意味があるのだ」ということを，どうしたら上手く納得させることができるかが課題となっているわけです。

生徒たち自身の力で何かを決めたり変えたりする経験を持たせる教材がほしい。

p.21 22 高校の主権者教育で何を学んでほしいかというと，この社会に存在する様々なルールや仕組みは，歴史的に人間の力で形成されてきたものであるということです。裏を返せば，変えることができるのだから，その仕組みをきちんと理解して，「自分たちがよりよく生きるためにはどのような仕組みがよいのか」,「もし現状を変える必要があるならばどこを変えていけるか」などを考えることが一番大切だと思います。政治とはそういうものだということを主権者教育を通じて理解させることが重要でしょう。そうすれば政治学を学ぶことは政治家になるためではなくて，自分たちが社会でよりよく生きていく，さらに一歩進めて自分とは違う考えを持っている人たちとともによりよく生きていくためだということが分かる。お互いの生き方を邪魔はしない，できれば協力する，対立するのであればその摩擦をどこで食い止め，その上で何を一緒に協力できるかを考える。このようなことを学び考えることが主権者教育ではないでしょうか。

主権者教育の目的を満たす教材作りが必要だろう。

ですから，私たち大学の教員と高校の先生方で協力して，新しい学習指導要領で新設された「公共」を追い風にし，具体的なテクニックを使いこなす前提としての仮説や問題意識などをどのように作るかが課題でしょう。やはり高校からその思考訓練を積んでおかないと，その後に獲得する知識が意味を持たない，つながってこない，伸びない，発展していかないのです。

p.22

新科目「公共」の授業を構想するためにも，基本概念を学び，それを活用する思考実験などの学習方法を身につけさせたい。

地域の課題解決という授業にするならば，テーマをしぼる必要があるかもしれないですね。「地域課題を自分で発見してこい」といったテーマにするとなかなか難しいけれども，「商店街をどのように活性化するか」などのようにしぼると分かりやすいかもしれませんね。あるいは，あまり短期的なことは求めないで，商店街の人たちに，とりあえず課題だけを聞いてきなさいというのでも良いと思います。その上で，具体的なテーマを与えるという授業にしても教育効果は高いと思います。

p.23

地域研究を実践する際，どのような課題を設定すると教育効果が高くなるのかの検証してほしい。

3. 土井先生のアドバイスのまとめ

p.25
26

基本的に「人」を選ぶものです。例えば，誰を国会議員にするか，誰を市長にするかを投票によって決めるわけです。もちろん，その際には，候補者がどのような政策を実現しようとしているのかが，重要な判断要素になります。しかし，選挙は，国民投票や住民投票とは異なって，政策それ自体を選択するものではありません。候補者が，その公約を実行する誠実さや資質・能力を有しているかどうかも，重要な判断要素になるわけです。つまり，実際の選挙の際には，「この候補者はよいことを言っているけれども，公約を実現する能力があるかどうか疑わしいな」といった判断をしているわけです。特に，候補者が現職の場合には，前回の選挙で公約したことが，どの程度実現されているかを評価することも重要です。しかし，このようなことは，選挙公報に書かれている政策を比較するだけでは判断できませんし，また特定の人物の資質・能力や公約の実現度などについて，学校現場で立ち入って評価することには困難を伴います。

模擬選挙で，政党と候補者個人のどちらを選択するか授業の目標によって考察が必要だろう。

私は，主権者教育としては，模擬選挙より模擬議会の方が有益であると考えています。第1に，模擬議会の場合は，選挙と異なり，判断の対象を政策とその実現方法に限定することができるからです。第2に，生徒のみなさんが，他者の意見を聞いて判断するという受動的な関わりだけでなく，原案を作成し，議論し，他者の意見を取り入れて合意を形成していくという能動的な関わりを体験することができます。そして，この場合には，原案を修正する手続きを設けて，少数意見を反映させるプロセスを学ぶことが重要です。最近，社会の分断が懸念されていますが，お互いの意見を主張するだけでなく，相手の意見を聞いて，粘り強く合意を形成していくプロセスの重要性とその方法を学ぶことが，広義の主権者教育にとって大切なのではないでしょうか。

p.26

少数意見を取り入れた民主的な決定プロセスを生徒に理解させる教材を作成してほしい。

模擬選挙の場合には，「投票して開票すればおしまい」になることが多くなります。確かに，選挙においても，他者の意見を聞いて，考え，判断するのですが，誰かと話し合って合意を形成するわけではありません。しかも，秘密投票が原則ですから，自らの投票について議論するわけではないのです。

この秘密投票について少し補足しますと，政治に関わる事柄は「公共」的な事柄であって，公共の場で開かれた議論をすることが原則です。しかし，選挙においては，投票自体はプライベートなものとして位置づけられていて，秘密なのです。もちろん，これは投票結果によって政治権力から不利益な取り扱いを受けないようにするための重要な原則なのですが，政治思想においては，この秘密性が批判されることがあり，授業で考えてみてよい問題だと思います。

p.26

「プライベート」な領域である「投票」を生徒に考えさせる模擬選挙には，どのような留意事項が必要かを明確にしてほしい。

p.30
31

ディベートは，ある考え方に立って主張を組み立て，批判に対して応答していく活動ですから，論理的思考を高める上で有効な学習方法だと思います。(中略)

ただ，先ほど模擬議会について申し上げましたが，議論により合意形成を図ろうとする場合には，ディベートとは異なる進め方をしなければなりません。ディベートをモデルにしてしまいますと，２つに分かれて，Ａ案とＢ案で論争し，多数決でどちらが勝ったかというような展開になってしまいます。しかし，政策を実現する方法は二者択一ではありませんし，合意を形成するために妥協も必要です。その場合には，取り扱うテーマも工夫が必要です。根源的な価値観に関わる対立を取り上げますと，生徒みなさんで合意を形成をするのは難しいでしょうね。

「ディベート」の論題について研究が必要である。

p.31

イギリスのEU脱退をテーマとして取り上げるとします。脱退に賛成か，反対かという意味では，二者択一ですから，単純な争点のように見えます。しかし，EUに加盟していることによって生じる問題や，脱退することによって起こる問題は多岐にわたりますし，国民投票で脱退の結論が出ているという事実をどう受け止めるかといった問題を含めて考えようとしますと，「公共」や「政治・経済」で学ぶことを全て活用しないと，しっかりした判断ができない高度な課題なのです。

経済問題を「主権者教育」に導く教材を作成してほしい。

ゲーム理論をはじめ，思考実験など概念的な枠組みを用いて考察する活動が，新科目「公共」に取り入れられました。これは，問題の構造を理解するために，非常にシンプルなモデルを提供してくれるからだと思います。ゲーム理論で用いられる利得表も，簡単なものであれば，高校生も理解できますし，そうした表を用いて，囚人のジレンマ，チキンゲームなどの基本的なゲームを学ぶことで，人が意思決定をする際の問題点を理解することができます。複雑そうに見える課題も，原理的には比較的単純であったり，多くの課題に共通の問題構造が見られたりすることに気づくことも大切ではないでしょうか。 p.31 32

新科目「公共」で示された「ゲーム理論」などを主権者教育にも取り入れる必要がある。

法あるいはある国の法体系には，重要だと考えられる価値がありますから，それを学ぶことは大切です。しかし，同時に，法は何かについての法，つまり政治に関する法，経済に関する法，あるいは国際関係に関する法なのです。いわば，法は各領域を貫く「横串」で，実際に法を考える場合には，政治や経済などと切り離すことはできません。例えば，市場経済やその仕組みを学ぶことと契約を学ぶこと，労働問題を考えることと労働法を学ぶことは密接に関連します。 p.32

新科目「公共」における「法教育」の取り上げ方を考える必要がある。

4. 小玉先生のアドバイスのまとめ

p.35

学校全体で実践するというのが，第１のポイントだと考えています。主権者教育を実践する際に，当面，大畑先生や神奈川県の黒崎洋介先生のような公民科の教員が中心になっていくことが現実的にあるとしても，その先では，学校全体を巻き込んでいくようなカリキュラム・マネジメントを考えることが必要で，カリキュラム全体で主権者教育を実践していってほしいです。例えば，HRや生徒会活動，総合的な学習の時間（新学習指導要領では総合的な探究の時間）などをリンクさせて実践していくことが重要です。

主権者教育を学校全体で実践する方策を提案する必要がある。

p.35

2015年に出された文部科学省の通知で，高校生の政治活動も事実上解禁されていますし，高校生が政治活動の主体になることが大切です。また，高校生が教育の客体ではなく，自らが主体となって行動するという方向性を模索していく必要があると思います。

高校生が主体として活動・参加できる教材開発を目指してほしい。

現在，望まれている主権者教育の内容は，具体的な「生の政治素材」です。教育現場では，「政治的中立」などが気にかかって，生の政治素材を取り上げることに対する躊躇がまだあるのではないかと思いますが，その点をいかにして克服していくかが今後のポイントになると思います。

p.36

「政治的中立」に配慮した教材を提案してほしい。

対立軸についてですが，ステレオタイプ的なものにこだわらないことも重要ではないかと思います。例えば，「憲法改正」に関して言うと，改憲派は「保守・右派」，護憲派は「リベラル・左派」といった対立軸でよく説明しますが，「本当に改憲したいと思っているリベラルの人はいないのか？」という議論も必要なのだと思います。

p.37

「ステレオタイプの対抗軸」以外の「新しい対抗軸」を提案する教材開発を目指してほしい。

最終的には一人ひとりの思考がどのように活性化されるかということだと思います。その意味では，ディベートで勝った負けたというよりは，実際の議論の中で一人ひとりが判断に迷うような状況にしていくことが重要だと考えています。

例えば，ハンナ・アーレントは「思考というのは１人の中に２人の自分を作ることだ」と言っています。自分を対象化できるもう１人の自分を作ることで，主権者としての主体が成熟していくことを目指すべきだと思います。

p.39

「頭を使う」アクティブ・ラーニングを実践する教材を示してほしい。

p.40

第１に，知的な好奇心や「おもしろい」という感覚を持つことが大事なんでしょうね。第２に，やはり，社会的な関心を持つ人たちと出会う，そのような人間関係が大きいかなと思います。そのような人たちと出会うことと，そのような人たちと一緒にやっていくことは楽しいと思えること，その２つは大きいでしょうね。

学校外の専門家や団体と連携する教材を作成してほしい。

p.41

教員がテーマを設定していくパターンと，生徒自身がテーマを選んで探究してくパターンがあるということです。その２つを意識してテーマを選択してほしいですし，その両方を組み合わせることもできると思いますね。

課題探究型のテーマ設定ができる教材作成を行ってほしい。

5. 大芝先生のアドバイスのまとめ

マニフェストは，私たちがどの政党・候補者に投票するかを決める際にひとつの材料になりますが，各政党のマニフェストを比較する場合のポイントはどこにあるのか，これをどうやって調べることができるのか，ということの説明も，もう少しあったらなおよかったかもしれません。 p.42 43

信頼できる「投票の材料」を，「どこから」「どのように」えらぶことができるかを学べる教材を作成してほしい。

選挙の時はいろいろ政治の話は出るのですが，選挙後は途端に少なくなる。その選挙後に，国政レベル，あるいは地方レベルの政治や行政をどのようにチェックしていくべきなのかという問題です。 p.43

また，制度の面では，「チェックの仕組み」として三権分立の制度だけを解説して終わりにするのではなく，制度の運用の実態についても解説が必要だと思います。選挙と選挙後のチェック，制度と運用，こうした点も重点的に扱う教材があるとよいですね。

選挙後の「政治へのチェック」を身につけさせる教材が必要だろう。

p.43
44

沖縄の基地の例や秋田の「イージス・アショア」の話は分かりやすい例だと思います。政府は「地域が大事」と言っておきながら，外交政策とぶつかると，外交政策は国益に基づくものだとして，いとも簡単に地域政治や地域住民の意見は「地域（住民）のエゴ」として片づけがちです。国政と地域がぶつかる時はどうするのかということを考えさせてほしいと思います。

「地域と外交」「国政と地方政治」を考えさせる教材が作成できないか。

p.44
45

政治的中立の問題を扱う時,「中立」の定義は学ぶと思いますが，政治的の「政治」とは何なのか。さらに，「この問題は『政治』なのか」という問題は，結構答えるのが難しいですよね。実は「政治的中立」という言葉で，私たちの様々な活動が制約されることも少なくありません。

「何が政治なのか」「中立とはどういうことなのか」を考えさせるテーマや題材を示すことはできないか。

p.46

選挙の仕組みと選挙の結果はかなり関係性があるということです。小選挙区制は大政党に有利であるということは，授業でも話されているとは思います。他方，政党支持率と選挙結果にズレがあるのはなぜかなどについても，主権者教育の中で大いに取り上げて議論をしてほしい。こうした，いわゆる政治過程についても，高校の授業により積極的に取り入れていただければと思います。

「得票率と議席数の乖離（かいり）の問題」を考えさせる教材を作成してほしい。

模擬国連を通して学ぶことは，例えばナイジェリアならナイジェリアの立場に立って自国の意見をまとめ，その意見を他国と交渉し，調整していくわけですから，相手の国の立場を理解することになります。それは，やはり外交に必要なことです。自分たちの主義主張は正しいと考えることはそれはそれでよいのですが，それに反対する人の思考様式はどのようなもので，この国はどうしてこのような行動をとるのかを理解することも重要です。相手の行動様式が分かれば手の打ちようも分かるということです。そのためにも相手の意識・行動パターンというのを分析しないとダメです。一般的に言えば，敵を知って初めて作戦が立てられるということです。

p.50

「模擬国連」の教材を作成してほしい。

6. 飯田先生のアドバイスのまとめ

p.53　これまでの政治・政策を見ると，この３つのどこに軸足を置いているのかがよく見えてくるのです。

例えば，分配を軸に，経済成長と景気循環の問題を語ろうとしている政治家がいます。また，経済成長をもとに景気循環とか分配を語ろうとする政治家もいます。さらに，ある程度の好景気を維持することこそが分配や成長のような長期的な課題に対応する手法なんだという政治家もいます。

ではこの３つのどれが正しいかというと，経済学の中でもコンセンサスがあるわけではありません。

「経済成長」「景気循環」「所得分配」の対立軸を,「どのテーマで」「どのように」教材に取り入れることができるのかを示してほしい。

p.54　ひょっとすると「所得分配上の平等は，経済成長の足かせにならないかもしれない」というテーマになるわけです。大変興味深い議論です。

「経済的平等」や「ベーシックインカム」などの議論を取り込んだ教材を作成してほしい。

現在の自民党・公明党政権は経済に関して経済成長，景気循環のどちらかに寄った発言が非常に多い。所得分配は「おまけ」という感じなのですね。日本維新の会ですとより成長寄りです。他方で，立憲民主党はまだちょっと経済政策のスタンスは固まっていないようですが，所得分配を切り口にする傾向がある。一方で，なぜ格差の是正が経済の改善に結びつくのかは示されていないと感じます。成長や好景気によって分配を改善するのか，分配を直接改善することから始めるのか……「そのどちらがリアルな経済政策の方向性なのか」を考えさせる授業はおもしろいかもしれませんね。

p.55

「政党を作って政策論争を行おう」という授業を構想する時，既成の政党に沿って対立軸を示すことはできないか。

投票先を選ぶ基準についてです。小選挙区制と比例代表制について，投票先を本当に同じ基準で選べるのでしょうか。これは主権者教育の大きなテーマになりうると思います。

比例代表制は，確実に政策で投票先を選ぶべきですが，小選挙区制は果たして同じ基準で投票できるのか。どちらかというと小選挙区制は「人」に投票しているという側面があると思います。その意味で，衆議院は小選挙区制になって，投票先を選びにくくなったのではないでしょうか。以前の中選挙区だったらもっとストレートに「人」にできるはずです。

p.55 56

選挙制度を考えさせる際,「小選挙区」「比例代表区」だけでなく「中選挙区」など，他の選挙システムも考えさせる教材を示してほしい。

p.56　例えば，「普段は自民党の支持者だけれども，うちの選挙区の民社党の○○先生には本当にお世話になっていて人柄も信頼できる。だから選挙区では民社党の○○先生に入れる」というのは普通の投票行動だったと思います。ところが，○○先生は国会議員になったとたん公約通りの投票行動ができない。なぜならば，党議拘束があるからです。

現実の政治を学ぶ際，「党議拘束」をどの程度，どのように学ばせるべきかを示してほしい。

p.58　さらに主権者教育のテーマとしては，「あなたが政権を任された時に，論理的に歴史的に上手くいく可能性がある経済政策はどれか」を考えさせたり提案させたりすることも考えられます。

「自分ごと」として「政治」を考えさせる教材を作成してほしい。

p.58　例えば，このように問うわけです。「みなさんは，世界の人々はみんな平等であるべきだと思いますよね？　では，所得再分配をする場面を考えてください。間違いなく日本のホームレスよりもアフリカの貧しい子どもたちの方が貧しいはずなのに，なぜホームレスに支援をするのですか？」

やや高度な授業になると思うが，問題提起を考えさせる教材を作成できないか。

第２章　主権者教育の授業実践

第２章は，大畑先生による授業実践をライブ化した。学習指導案はベテランには読みこなせるが，若い先生方には難しいといわれている。そのため，授業の雰囲気や流れを文字化してライブとしている。そのため多くの先生方が十分に授業を読み取れるようになったと感じている。

授業テーマは，高校生にとって身近な学校から，地域社会，国，国際へと，考えたり調べたりする範囲を広げていくように構成されている。高校生の社会的視点を広げていくひとつの方法だといえるだろう。

また，新学習指導要領の趣旨に沿い，「主体的・対話的で深い学び（アクティブ・ラーニング）」や「課題解決型学習」の要素などを取り入れた授業メソッドがほとんどである。さらに主権者教育の取り組みそのものが，新科目「公共」の趣旨に沿っているといえるので，この実践が多くの議論を巻き起こしてほしい。

大畑先生の授業実践の後に，藤井が授業へのコメントをしている。主に，「第１章で〇〇先生からいただいたアドバイスを具体化するとこのような授業になった」「新しい学習指導要領の趣旨を活かすとこのような授業になる」というコメントになっているので参考にしてもらいたい。

第2章　主権者教育の授業実践

第1節　授業はじめ

新年度最初の授業では，政治や経済を学ぶことの意味や，授業の進め方について丁寧に説明することが求められる。筆者（大畑）の場合は，いわゆる「チョーク＆トーク」ではなく，「アクティブ・ラーニング型」で授業を進めていくことを伝えるとともに，生徒たちに身につけてもらいたい６つの力について説明している。ここでは，その授業の一部を紹介する。

１時間目　イントロダクション
～主権者として求められる資質・能力とは？～

みなさん，こんにちは。今日から１年間，よろしくお願いします。みなさんが笑顔になれるような授業にしたいと思います。でも，あまり期待はしないでくださいね。“まあまあおもしろくて，そこそこタメになる授業”――。そんな授業にできればと思っています。ところで，みなさんは社会科の授業というと，どんな印象がありますか？

うーん，私がこれまでに受けてきた授業では，先生が黒板に書いたことをノートに書き写したり，穴埋めプリントに用語を書いたりすることが多かったです。

なるほど。では，そのような授業のテストではどのような問題が出ましたか？

文章中の空欄に入る語句を答える問題や，選択肢から選ぶ問題が多かったです。だから，テスト勉強というと一夜漬けで暗記することが多かったです。この授業もやっぱり同じですか？

確かに，政治や経済を理解する上で，一定の知識は必要です。ですが，この授業では知識を得ることよりも，自分の頭で考え，周りの生徒と話し合うことを大切にします。そして，自分たちの意見をまとめ，発表する時間を多く作りたいと思います。

自分たちが主役っていうことですね。じゃあ，先生は何を教えてくれるんですか？

私の役割は，みなさんの話し合いがスムーズに進むようにアドバイスをしたり，みなさん自身が課題を見つけて探究するのをお手伝いしたりすることです。そのために，簡単には答えの出ない問いや，そもそも正解がない問いをたくさん出していきます。

例えばどんな問いですか？

では，いくつか問いを出してみましょう。第1問。Aさんが B さんに庭の草刈りを頼みました。初めに2分の1を刈り，さらに残りの3分の2を刈るようにお願いしました。残るのはどれだけでしょうか？

そんなの小学生だって分かりますよ。6分の1です。

確かに，それも答えのひとつです。でも，人間の営みですから，予定通りに進むとは限りません。だから，「やってみなければ分からない」も答えです。

えー，ずるい！

続いて第2問。みかんが81個あります。等しく3人で分けるにはどうすればよいでしょうか？

「27個」と言わせたいのでしょうが，もう引っかかりませんよ。そもそも，みかんの大きさはそろっていないわけだから，答えは「できない」でしょ!?

残念ながらハズレです。ミキサーでジュースにしてから3等分すれば効率よく分けられますよ。

やられた……。

最後の1問です。牛，馬，豚，羊，ライオンがいます。仲間はずれはどれですか？

ライオンだけが肉食で，他は草食動物です。あと，ライオンだけカタカナ！

なかなかおもしろい答えが出てきましたが，他にありませんか？　もっと頭を柔らかくして，現実の社会のことを想像しながら考えてみましょう。

うーん。こんな答えはどうですか？「仲間はずれはいけません！」

おもしろい！　正解のない問いについて考えるとは，このようなことなのです。では，今考えた３つの問いからどんなことが分かるでしょうか。まず草刈りの問題からは？

はい。人間の行動は，必ずしも予定通りに進むわけではないということです。

そうですね。社会では，様々な統計データや予測に基づいて政策が実行されますが，その通りに進むとは限りません。ですから，数字だけではなく，その社会で生きている人々の状況や，社会で起きている事実をしっかりと見つめることが何よりも大切なのです。

なるほど。確かに，数字だけでは分からないことって，たくさんありますよね。

次に，みかんを分ける問題からは？

限られたモノを分けるには様々な方法があるということです。さっきの例で言うと，81個を3等分する場合，27個ずつ分ける方法もあれば，ミキサーでジュースにする方法もありました。

そうですね。でも，他にも方法はありますよ。例えば，みかんの皮をむき，中の房（ふさ）を数えて平等に分けることもできるはずです。

また，じゃんけんで勝った１人が全部をもらうといった方法や，年齢に応じて多くしたり少なくしたりする方法も，公平な分け方といえるかもしれません。要は，どうすればみんなが納得できるのかということを，私たちは社会全体として考える必要があるのです。

確かに，近年，格差の広がりが社会問題になっているので，富の公平な分け方を考えることは，とても大切だと思います。

最後に，動物の分類の問題はどうでしょうか？　なぜ「仲間はずれはいけません」という答えを思いついたのですか？

それは，社会ではお互いの違いを尊重することが大切だと思うからです。

なるほど。私たち人間は，たくさんの物や事柄を，細かく分類する力に長(た)けています。しかし，他者との違いをことさらに強調する態度は，時として偏見や差別に結びつくことがあります。

今，世界では，分断化が進んでいると言われていますね。

そうですね。国内外を問わず，自分たちの考えを絶対視し，自分たちとは異なる価値観や思想を持つ人々を排除するような風潮が広がっています。しかし，そのような社会では対立や紛争が絶えず，結果として自分たちの平穏な生活が脅かされることになります。そのような社会では，人々は幸せを感じることはできないはずです。ですから，他者との違いを認め合う寛容さと，他者との対話を通じて合意を形成していく力を身につけることが大切なのです。

なるほど。そのためにも，簡単には答えが出ない問いや，正解がひとつではない問いについて考えることが大切なんですね。

最後に，この授業全体を通じて，みなさんに身につけてもらいたい力をまとめておきます。

①Curiosity（好奇心）…社会で起きている事柄に関心を持ち，自分のこととして捉える力

②Critical thinking（批判的思考力）…社会課題を見つけ，多面的・多角的に考察する力

③Creativity（創造力）…課題解決に向けて，新しいアイディアを生み出す力

④Collaboration（協働力）…他者と協働し，チームとして課題解決に取り組む力

⑤Communication（対話力）…他者との対話を通じて，合意を形成していく力

⑥Citizenship（市民力）…持続可能な社会の実現に向けて，主体的に社会参画する力

どれも頭文字が「C」なんですね。

はい。これらの「６Ｃ」を身につけられるように，積極的に授業に参加してもらえたら嬉しいです。

本日の名言

冷たい頭と熱い心を持ち，社会課題を克服するために，自らの最善の能力を進んで捧げようとする人々を１人でも多くすることが，私の念願である。

アルフレッド・マーシャル（1842-1924）

藤井からのコメント

1時間目　イントロダクション

イントロダクションにはコメントは必要ないかもしれないが，教員としての心構えなどについてひと言述べたい。

新年度の初めての授業は，教員も生徒も緊張している。そういう時だからこそ，生徒に1年間の基本方針や授業の受け方などを示す必要がある。例えば，1年間の授業の流れ（「1学期には政治分野を学び，中間テスト後にディベートを行う」など），授業の受け方（「質問は授業中いつでも受けつけるので，分からなかったらすぐ質問すること」「授業では，私からたくさん質問するが，『分かりません』は不可」「4人1班のグループワークが多い」など），ノートのとり方，教員の板書の方法などである。特に高校では，教科や教員それぞれの授業に特徴や癖がある。それを生徒に分かってもらう必要がある。

筆者は上記の基本事項の他に，「説明が分かったら『うなずくこと』，分からなかったら『首を横に振ること』」を徹底していた。このサインが円滑に行えるようになると，「生徒が理解したようなので次に進む」「よく理解できなかったようなので，他の説明方法で再度解説する」など，生徒の理解に合った授業を展開することができた。

この1時間目の授業には，3点の特徴がある。

1点目は，教員は「ファシリテーターになる」との宣言である。とかく教員は説明したがることが多い。特にアクティブ・ラーニングでは，教員は「しゃべらない」ことを心がける必要がある。

2点目は，多くの生徒がすぐ答え（正解）を求めることが多いことを前提に，「簡単には答えの出ない問いや，そもそも正解がない問いをたくさん出していきます」と宣言していることである。第1章の飯田先生からのアドバイスにあるように，特に政治や経済には答えがない問題が多い。そのような問題を扱い，思考力などを深めることが新学習指導要領の目標であり，新科目「公共」の求める授業の方向性である。

3点目は，クリティカル・シンキングやトゥールミン・モデルでの思考や発言などを求めていることである。社会科学である以上，統計データなどエビデンスを根拠として考えたり発言できるようにするべきである。またこの要求は，第1章で佐々木先生のアドバイスにある，メディア・リテラシーの確立に関係してフェイクニュースなどに惑わされることが多い若者への警告であるとも読み取れる。またトゥールミン・モデルは，新科目「公共」の大項目B中項目（1）「主として法に関わる事項」で習得すべき思考方法だと示されており，その先がけとして，いわゆる新テストの試行問題にも出題されている（大学入学共通テスト〈新テスト〉平成29年度試行調査〈プレテスト〉現代社会第4問 問4参照)。今後，生徒に身につけさせるべき思考方法のひとつだろう。

最後に，身につけてほしい力として「6C」をあげているが，大畑先生が寄稿した「主権者教育で育む5つの『C』」（「Voters 43号」，公益財団法人明るい選挙推進協会）中の「5C」に，「Curiosity（好奇心)」を加えたものである。同文を参照していただきたい。

第２節　公共的な空間の基本原理を学ぶ

新科目「公共」では，初めに「公共の扉」という大項目が置かれており，そこで学んだ「見方・考え方」を，それ以降の学習で活かしていくことになる。ここでは，主権者教育との関連が深い「協働の利益」，「民主主義」，「立憲主義」といった基本原理を，思考実験などを用いながら学習する授業（３時間分）を紹介する。

２時間目　なぜ「協働」が必要なのか？

今日はまず，他者と協働することの意味について考えてみましょう。

なんで人間はコラボするのかっていうことですね。

まあ，そういうことです。ところで，みなさんの中でもiPhoneを使っている人は多いと思いますが，iPhoneで有名なAppleの創業者といえば誰でしょうか？

スティーブ・ジョブズですよね。

その通り。彼は2011年に56歳の若さで亡くなってしまいましたが，生前に数々の名言を残しています。そのひとつがこちらです。どんな意味でしょうか？

If today were the last day of my life, would I want to do what I am about to do today?

うーん。「もし今日が人生最後の日だとしたら，今やろうとしていることは本当に自分のやりたいことだろうか？」

正解！　つまり，ジョブズが言いたいのは，「人生には限りがあるのだから，一日一日を大切に生きなさい」ということでしょう。だとしたら，みなさんはどのように今日という一日を生きて，どのような人生を歩んでいきたいと思いますか？

そうですね……。自分が心からやりたいと思うことをやって，大切な人と一緒に幸せな人生を過ごしたいって思います。

何をもって幸せな人生とするかは人それぞれでしょう。ですが，どんな人も，「幸せになりたい」「幸せに生きたい」という欲求を持っている。そして，自分だけではなく，自分の身近な人や大切な人が幸せであることが自分にとっての幸せだと感じている人も多いでしょう。

確かに，自分1人が幸せだとしても，自分の大切な人が不幸だったら嬉しくないなぁ。

それに，赤の他人でも目の前で飢えている人がいたら，自分が相手の立場だったらと想像して，利他的な行動をとることもあるのではないでしょうか。

でも，現実の社会には，自分さえよければ他の人の幸せなんて関係ないといった考えの人もいますよね。

そうですね。ただ，そのような人であっても，みんなと協力した方が自分の幸せにつながるのであれば，周りと協力しようとするはずです。つまり，協力することによって，自分の力だけでは得られない利益を得られるのならば，きっと協力するはずです。

確かに，自分の幸せにつながるなら協力するでしょうね。

そこで，誰かと何かを交換したり取引したりすることの利益について考えてみましょう。例えば，X君が友だちから「AKB48」の握手券をもらったとします。しかし，X君は「モーニング娘。」の大ファンで，AKBにはまったく興味がありません。一方，Y君は友だちからモー娘のコンサートチケットをもらいました。ですが，Y君はAKBの大ファンで，モー娘。の歌なんて１曲も知りません。この状態でX君とY君が出会わず，お互いに協力することがなければ，２人とも必要のないものを持っているだけです。

でも，2人が出会って，お互いのほしいものを交換すれば，2人ともハッピーになれますね。

はい。お互いに何も損をすることなく，それぞれが幸せになれるわけです。これが交換・取引によって得られる利益です。

今はネットが発達しているから，いろんなものが取引されていますよね。チケットのように転売が禁止されている場合もあるけれども，フリマアプリは私たちの生活には欠かせません。

そうですね。では，少し話を発展させて，社会的分業による利益について考えてみましょう。

なんか言葉が難しくなってきましたね。

心配しなくても大丈夫ですよ。例えば，ある商品を作って売るという状況を考えてください。表にある「生産力」とは商品を作る能力，「交渉力」は売買契約を結ぶ力のことだと考えてください。

あ，簡単そう。

Aさんの生産力は１時間に１個ですが，交渉力があるので１時間に２件の売買契約を結ぶことができます。一方のBさんは手際がよく，生産力は１時間に２個ですが，口下手なので１時間に１件しか契約を結べません。この場合，それぞれが自分１人で商品を作って売るとするなら，３時間で何個売ることができるでしょうか？

	生産力	交渉力	３時間の販売数
A	１個／１時間	２件／１時間	？個
B	２個／１時間	１件／１時間	？個

うーん。Aさんは2時間かけて2個作り，残りの1時間でそれを売る契約を結ぶことができるから，答えは2個。Bさんは初めの1時間に2個作れるけれども，それを売るのに2時間かかるから，答えはやっぱり2個です。

その通り。そして２人を合わせると，３時間で４個の商品が生産・販売されるわけですね。ところが，２人が協力し，それぞれが自分の得意な仕事だけをやって，苦手な仕事は相手に任せるということにしたらどうなりますか？

まず，Aさんが得意な交渉に専念すれば，3時間で6件の契約を結ぶことができます。また，Bさんが3時間生産に専念することによって，6個の商品を作れます。

そうですね。さっきと何か変わっていませんか？

うーん。それぞれが得意なことをやって，お互いに協力すれば，さっきと同じ3時間なのに6個の商品を作って売ることができます。つまり，2個分多くの利益が生み出されるわけですね。

はい。これが社会的分業という協働による利益なのです。もちろんAさん，Bさんが協力せず，それぞれ自分の得意なことをやっているだけでは，このような利益は生まれません。

確かに，Bさんが作り続けても在庫が増えるだけだし，Aさんがひたすら契約を結んでも商品がなかったら詐欺になってしまいますね。

ですが，2人が協力すれば，このようにWin-Winの関係を築くことができるのです。

私たちはこうした協働の利益を生み出すことで，より幸せな社会を築いていけるということですね。

その通りです。これまでの話を踏まえて確認しておきたいことが2つあります。ひとつは，自分の個性や得意な能力を伸ばしていけば，自分が幸せになるだけでなく，それを他者のために活かすことによって社会の幸福にもつながるということです。

協力や協働というと，みんなが同じことをするというイメージがありますが，必ずしもそうではないんですね。

スポーツでもそうですよね。ラグビーだったら，体の大きなゾウのような選手もいれば，チーターのように俊敏な選手もいる。それぞれが個性を活かして違う働きをすることで，大きな力が生み出されるわけです。

確かに，ワールドカップでの日本代表の選手たちもそうでした。

もうひとつ大切なことは，お互いがお互いを支え合っているという点です。さっきの例で言うと，AさんはBさんがいてくれるからこそ商品を売ることに専念できるし，反対にBさんはAさんが商品を売ってくれるから，モノ作りに注力できるのです。

つまり，人が1人で生きているなら自分でやらなければならないことを，別の人が代わりにやってくれるおかげで，自分の得意分野を活かせるわけですね。

そういうことです。そのような相互依存の関係があってこそ，私たちの社会は上手く回るわけですね。

よく分かりました。でも，実際の社会では協働が上手くいかないこともありますよね。身近なところで言うと，自分のクラスを考えてみても，掃除当番をさぼって協力しない人がいます。みんなで協力した方が早く終わるし，教室だってきれいになるのに。

確かに，そういったことはよくあります。では，なぜ協力しない人が現れるのか、何が協働を妨げるのか？

うーん。やっぱり人間って自分勝手なところがあるし……。

つまり，自分の利益を優先するあまり，相手を裏切ってしまい，お互いの足を引っ張り合ってしまうことがあるわけです。

どういうことですか？

例えば，こんな状況を考えてみましょう。警察がある事件を捜査していて，すでに身柄を拘束している２人の囚人A・Bが共犯であることは間違いないと考えました。そこで警察は２人の囚人を別々に取調室に呼び，それぞれに司法取引を持ちかけることにしました。司法取引とは，簡単にいうと「自分の罪を認めれば刑を軽くしてあげる」というものです。取調室に呼ばれた囚人Aは警察から事件について聞かれますが，自分は無関係だと言います。そこで警察はこう言います。「このまま２人が黙秘を続けるのなら，両方とも懲役２年の刑になる。しかし，君だけが自白してくれたら，君を釈放しよう。白状しないBの方は懲役８年だ。反対に，君は黙り続けてBだけが自白したら，Bは釈放，君は懲役８年だ。ただし，２人とも自白した場合には，両方とも懲役５年になる。どうだね？」
表で整理してみると，こんな状況です。

		囚人B	
		黙秘	自白
囚人A	黙秘	2年 2年	釈放 8年
	自白	8年 釈放	5年 5年

なるほど。状況は分かりました。

では，あなたが囚人Aだとしたら，黙秘し続けるでしょうか？　それとも自白するでしょうか？

うーん。Bが黙秘すると想定すると，自分は自白します。そうすれば自分は釈放されるから。

では，Bが自白する場合を想定すると，どうでしょうか？

その場合，自分だけが黙秘すると懲役8年になってしまいます。でも，自白すれば懲役5年になるので，やっぱり自白を選びます。

ということは，Bが黙秘しようが，自白しようが，Aは自白を選んだ方が得になるということですね？

はい，そうです。でも，きっとBも同じことを考えるだろうから，結局2人とも自白することになるはずです。

でも，ちょっとおかしいですよね。だって，2人とも黙秘し続ければ，それぞれ懲役2年で済むんですよ。2人の刑を合計したら懲役4年ですから，2人を合わせて考えるなら，これが最も軽い刑なんです。にもかかわらず，なぜ黙秘を選択しないのでしょうか？

それは，相手に裏切られてしまうかもしれないからです。だって，自分だけ黙秘して，相手が自白したら，相手は釈放されるのに，自分は懲役8年ですよ。そんなのたまったもんじゃない！

そうですね。逆に，相手が黙秘したとして，自分だけ自白すれば釈放してもらえる。心の中で，そんな誘惑の声が響いているのではないでしょうか？

確かにそうですね。それで，結局，お互いを信用できず，裏切り合うことになってしまうわけですか……。

はい。お互いが信じ合えれば，より大きな利益が得られるはずなのに，各自が自分の利益だけを考えて行動するため，どうしてもそこにたどり着けないわけです。こういった状況は「囚人のジレンマ」と呼ばれています。同じようなジレンマは社会の中にいろいろありますよ。例えば，どのようなものがあるでしょうか？

うーん，そうですねぇ……。あっ，さっき言った掃除当番をさぼる人がいる場合も同じですか？

その通り。本当はみんなで協力した方がいいのに，自分だけ楽をしたいと考える者が現れてしまう。でも，みんながそう考えて掃除をしなくなったら教室はゴミであふれかえってしまい，誰のためにもなりません。

駅前の違法駐輪も同じですよね。「みんな止めているから自分も」と考える人が多くなると，結局，みんなが駅を利用しづらくなります。

なぜそういった問題が起きるのかというと，教室や駅が“公共的なもの”だからです。つまり，誰か個人のものではなく，みんなが利用するものです。こういったものを「公共財」といい，例えば学校や駅，公園や道路などのことです。公共財には２つの性質があって，１つはある人が利用したからといって，別の人が利用する機会が奪われることはありません。これを「非競合性」といいます。

確かに，道路は多くの人が同時に利用できますね。

公共財のもう１つの性質は，対価を支払わない人が利用することを排除できないということです。これを「非排除性」といいます。

つまり，誰でも使えるっていうことですね。

はい。そうすると，コストを負担せずに利用しようとする人が現れてしまうわけです。もう一度，教室の掃除の例で考えてみましょう。クラスに掃除好きの生徒がいて，その１人だけが教室を掃除するとします。教室がきれいになって幸せになるのは，クラスのみんなです。こうした状況の場合，あなたならどうしますか？

それは，もちろん手伝いますよ。

優しいですね。でも，みんながみんな手伝ってくれるわけではありません。だって，自分は掃除をしなくても，誰かがやってくれるから快適な教室で過ごせるわけですし。であるならば，自分はコストを負担しない方が得だと考える人もいるでしょう。そのような人のことを，「フリーライダー」といいます。

ただ乗りする人っていう意味ですね。

本来は，みんなが利用する教室なのだから，それをきれいにする責任はみんなが負うべきです。ですから，その責任を一部の人に押しつけるのは不公平ですよね。

はい。なんか，正直者が馬鹿を見るみたいでよくないと思います。

では，どうすればそのような状況を防げるでしょうか？掃除をしない人が現れないようにするには，どうすればいいと思いますか？

まずは，みんなが公平に役割を果たすように，当番のルールを作ります。

でも，さぼる人がいるかもしれませんよ。

その場合は，罰を科すのがいいと思います。例えば，「もう1週間，その人だけで掃除をしなければいけなくなる」みたいな。

そうですね。ただ，実際の社会では，例えば公園を掃除する場合に国民全員で当番を決めてやるわけにもいきませんから，政府が国民から税金を集め，業者に依頼して掃除をしてもらいます。そうすれば，税金という形でみんなが公平にコストを負担することになりますね。また，ポイ捨てを規制するためのルールを整備することも必要です。つまり，法律や条例を制定するということです。

なるほど。裏切り行為やフリーライダーの問題を防ぐために，政府や法律，税金が必要だということですね。

そういうことです。では，今回の話をまとめましょう。まず，人は自らの幸せを求める生き物ですが，人々が協働することによって，より大きな幸福を得ることができます。

それが協働の利益ということですね。

しかし，みんなが協働するためには，裏切り行為やフリーライダー問題が起きないようにする必要があります。そのために，国家という共同体を作り，法律や税金などの仕組みを整備するわけです。

国家や法律って聞くと，なんか難しく感じていたけれども，人々が協働し，幸せになるために生み出されたものなんですね。

その通りです。では，こうしてできた国家をどのように運営していけばいいのか？　つまり，政治をどのように行っていけばいいのでしょうか？　次回はその辺りのことを考えてみましょう。

本日の名言

優れた仕事をするには，自分１人で行うよりも他人の助けを借りる方がよいものだと悟った時，その人は偉大なる成長を遂げる。

アンドリュー・カーネギー（1835–1919）

藤井からのコメント

2時間目　なぜ「協働」が必要なのか？

周知のように，新学習指導要領で新設される「公共」の大項目A「公共の扉[1]」は，「社会に参画する際の選択・判断するための手掛かりとなる概念や理論などや，公共的な空間における基本原理を理解し，大項目B及びCの学習につなげることを主なねらいとしている」(高等学校学習指導要領解説公民編〈以下「解説」〉平成30年35頁)。

ここで示される3回の大畑先生の授業テーマは「協働の利益」，「民主主義」，「立憲主義」であり，上記「公共の扉」を意識して民主主義などの基本原理を理解させる授業提案となっている。また2節での前書きに，「公共の扉」で扱うべき数多くのテーマの中で，「ここでは，主権者教育との関連が深い『協働の利益』，『民主主義』，『立憲主義』といった基本原理を，思考実験などを用いながら学習する授業（3時間分）を紹介する」と書いてあるように，「公共の扉」の中で，特にこの3テーマを大畑先生が意識して扱ったことに留意する必要がある。

さて，前書きが長くなったが，授業の検討に入りたい。まず一読して読み取れることは，都立高島高校の生徒たちを前提にした平易な語り口，特に抽象的な概念や用語の説明の後には必ず「例え話」「具体例」が続いている授業になっていることである。かつて筆書の恩師が，「難しいことを難しく話したり，難しい用語をちりばめて書いたりしている人間は二流だね。一流というのは難しいことを誰にでも分かるように話せたり，誰もが一読して分かるような文章で表現できる人を指すんだ」との“名言”（私にとってですが）を述べました（笑)。その名言を思い出す授業になっている。さらに，生徒とのやり取りは（実際は，授業開始2時間目では難しいと思うが)，教員の質問に生徒がすぐ反応しており，「授業を行う際には，生徒との人間関係ができていないといけない」という教員としての基本姿勢を思い出させてくれる授業ライブとなっている。

さてここからはいくつかコメントを行いたい。

この授業は「協働」を中心に考えさせる授業で，基本的には土井先生からのアドバイスを受けて授業を構成していることが読み取れる。

第1に，「協働」である。「公共」で学ぶ「協働」には2種類ある。具体的には，大項目A「公共の扉」の中項目（1）イ（ア）「社会に参画する自立した主体とは，孤立して生きるのではなく，地域社会などの様々な集団の一員として生き，他者との**協働**により当事者として国家・社会などの公共的な空間を作る存在であることについて多面的・多角的に考察し，表現すること」（「解説」36頁，ゴチックと波線は筆者がつけた。以下同じ）と，同中項目（3）ア（ア）「各人の意見や利害を公平・公正に調整することなどを通して，人間の尊厳と平等，**協働**の利益と社会の安定性の確保を共に図ることが，公共的な空間を作る上で必要であることについて理解すること」（「解説」45頁）である。

前者は，「全ての人々が，国家や地域社会，家庭などの様々な集団を構成する一員であり，相互に関わり合い支え合う主体として**協働**しながら，全ての個人が最大限に尊重され一人一人の幸福が実現できる国家・社会などの公共的な空間を作り維持していく存在である」（「解説」40頁）ことを理解させることであり，また，「人間は各人が自らの幸福を願い，その実現のために公共的な空間を作り，**協働**して生きていること，また，その中で人間としての在り方生き方について思索を続けてきたこと」（「解説」37頁）とあるように，「私」から始まって，「みんな」や「私たち」との関係を考えることに重点が置かれている。ある意味，倫理的な側面からの「協働の意味」の追究である。

それに対して後者は，「各人がよりよく幸福に生きるために，**協働**の利益を確保し，互いに支え合うことを目的として人々が国家・社会を形成しており，国家・社会が安定し，**協働**の利益が継続して確保されるためには，何が正義かを考え，各人の意見や利害の衝突を調整する必要があること，そのような調整に際しては，各人を，尊厳ある存在として平等に配慮し，公平・公正な解決を図ることが大切であることを理解できるようにすることを意味している」（「解説」47頁）とあるように，社会契約論的な協働の意義，政治の必要性などを学ぶこととしている。

当然，中項目が違うので，学習目標がはっきりしていればどちらの「協働」を扱う授業でもよいが，上記２種類の「協働」のうち，大畑先生の実践は「後者」であることに注意したい。

第２に，「協働」の説明である。授業で「協働」の根拠として示されたのは「交換・取引」「比較生産費説（生産力・交渉力）」「囚人のジレンマ」であった。当然，授業には「時間」という制約があるが，この根拠で生徒は納得するか，そして説明として必要十分かという点である。具体的には，囚人のジレンマは「１回だけのゲーム」であり，「しっぺ返しゲーム（囚人のジレンマのようなゲームを複数回行い，相手に報復もできるゲーム）」のような繰り返し行えるゲームだったら結果は変わっているはずである。その意味で，他のゲームを経済学の分野などから探してみることもありうるだろう。さらにナッシュ均衡などを扱うかも検討すべきである。

第３に，「協働」の必要性を，「交換・取引」「比較生産費説（生産力・交渉力）」「囚人のジレンマ」にしぼらず，社会契約論的な説明を増やすと，教科書的には他の学習要素と関連して学びが深まるのではないだろうか。

第４に，「裏切り行為やフリーライダーの問題を防ぐために，政府や法律，税金が必要だということですね」と生徒に言わせることはよいが，この国家観だと「夜警国家」だけで終わってしまう。そこで，生徒の発言の後にすかさず教員が，

先生：その通り。だから政府や法律，そして決めたことを守らせる警

察などが必要なんだ。ただし，今の国家や政府はそのような仕事くらいしかしていないかな？

生徒：うーーーん……。

先生：失業したら？　生活に困ったら？

生徒：失業保険や生活保護があります。

先生：そうだろ，取り締まるだけではないね？　前者のような国家を「夜警国家」，後者のような国家を「福祉国家」と呼んでいるんだが，この辺りはまた別の時間で学びましょう。

と発言すると学習内容が発展したり，生徒の学ぶ意欲を高めることになるだろう。

1）「公共の扉」の授業提案・実践については，「『公共の扉』をひらく授業事例集」（東京都高等学校公民科「倫理」「現代社会」研究会編著，清水書院，2018 年）も参考になる。

3時間目　多数決による民主主義は正しいのか？

さて，今日は望ましい政治のあり方について考えてみましょう。前回学んだように，私たちが協働して幸せになれるようにすることが政治の役割です。

先生

生徒

はい。でも，協働が妨げられてしまうこともあるから，法律や税金などの仕組みが必要です。

そうでしたね。では，そのルールや仕組みは，誰が決めるのがいいと思いますか？

その社会で暮らすみんなで決めるのがいいと思います。だって，自分たちの幸福を実現するのが目的ですから，独裁や一部の人だけで決めるのは間違っていると思います。

そうですね。歴史的には，王様や貴族などの特定の人が決める時代が長く続いてきました。ですが，そういった方法では，いつもまともな人が決めてくれる保証はありませんね。

はい。だって，特定の人が自分たちの利益だけを考えてルールを決めてしまうこともあるでしょうから。

そこで現代の社会では，全ての国民が，国家という共同体の運営に参加できる仕組みにしました。この仕組みが，民主主義と呼ばれる政治運営の方法です。リンカンの「人民の人民による人民のための政治」という言葉を聞いたことがありますね？

はい，もちろんです。民主主義によって決定されたルールならば，みんなが納得して受け入れることができそうです。

ただ，「私たちのことは私たちで決める」とは言っても，全員の意見が一致することは難しい。そこで行われるのが多数決です。

多数決なら，学校のホームルームでもよく行われますよ。文化祭の出し物を決める時とかに。

ここで一歩立ち止まって，なぜ多数決による民主主義が正しいと言えるのかを考えてみましょう。その根拠となる考え方のひとつは，功利主義と呼ばれるものです。

なんだか難しそうですね。どういう考え方ですか？

功利主義という考え方の前提は，「人間は幸せを求め，不幸を避けるものだ」ということです。前回の話と同じですね。そして，幸せを増やす行為は善い行為であり，正しい行為だと考えます。

はい，わかります。

では，社会全体の幸福をどのようにして量(はか)るのかというと，社会は一人ひとりの個人から成り立っているので，社会全体の幸福は一人ひとりの幸せを合計すればいいわけです。

ということは，社会の幸福を増やすには，できるだけ多くの個人の幸せが増えればいいわけですよね。

はい。そのことを，イギリスの哲学者ベンサムは「最大多数の最大幸福」という言葉で表現しました。できるだけ多くの人が，できるだけ幸せになる社会は，正しい社会であるということです。

だとすると，多数決でできるだけ多くの人が賛成した決定に基づいて国家を運営することが正しいわけですね。

はい。このように，多数決による民主主義というのは，「最大多数の最大幸福」という考え方によって正当化されるのです。ただ，ここで考えなければならないことがあります。多数決による民主主義は本当に正しいと言えるのでしょうか？

うーん，多数決といっても，いろいろな方法があるだろうし，多数派の意見が常に正しいというわけではない気もするなぁ……。

いいところに気づきましたね。まず，多数決が本当に多数派の意見を反映しているかどうかを検討してみましょう。ここでは，クラスで文化祭の出し物を多数決で決める場面を考えてみます。ちょっと人数が多いですが，55人クラスだということにします。

	18人	12人	10人	9人	4人	2人
1位	模擬店	お化け	演劇	迷路	縁日	縁日
2位	迷路	縁日	お化け	演劇	お化け	演劇
3位	縁日	迷路	縁日	縁日	迷路	迷路
4位	演劇	演劇	迷路	お化け	演劇	お化け
5位	お化け	模擬店	模擬店	模擬店	模擬店	模擬店

この表の見方はこうです。18人の生徒は，５つの案のうち模擬店が１番やりたくて，次が迷路，その次が縁日，演劇，お化け屋敷という順番です。その他の生徒についても，同じようにやりたい順番があるものとします。では，みなさんが普段やっている単純な多数決を行うと，出し物はどれになりますか？

もちろん模擬店です。

そうですね。ところが，お化け屋敷をやりたい生徒が「模擬店が１番多いけれど，過半数に達してないじゃん。決選投票をすべきだよ」と言いました。では，決選投票をするとどうなりますか？

最初の投票で，模擬店とお化け屋敷以外に投票していた人は，決選投票では模擬店かお化け屋敷のどちらか，よりやりたい方に入れるわけですよね。だとすると，25人の票がお化け屋敷に流れて，お化け屋敷に決定です！

その通り。今度は，スポーツの総当たり戦のような方法です。２つの出し物案同士で対決させて，どちらをやりたいかを55人が投票し，それのトータルで出し物を決めてみましょう。例えば，「模擬店 vs. 迷路」ならば，さっきの表に従って，模擬店の方がやりたい人が18人，迷路をやりたい人は12人＋10人＋９人＋４人＋２人で合計37人となり，迷路の勝ちです。同様に，次の表に勝ち負け（○か×）を入れるとこうなります。

	模擬店	迷路	縁日	演劇	お化け	結果
模擬店		×	×	×	×	0勝4敗
迷路	○		×	○	○	3勝1敗
縁日	○	○		○	○	4勝0敗
演劇	○	×	×		○	2勝2敗
お化け	○	×	×	×		1勝3敗

えー！　縁日が選ばれることなんてあるんだー!!

びっくりですよね。では次に，最も得票が少ない案から順番に削っていく方法をやってみましょう。

あ，それ，うちのクラスでやってたわ。オリンピックの開催地決めと同じですよね。

次の表の第1段階が最初の投票結果です。最初の投票で最下位だった縁日は，この時点ではなくなります。そして，縁日に投票した6人は，第2段階では縁日の次にやりたい案に投票するでしょう。そうすると，お化け屋敷が4票増え，演劇が2票増える。この時点で最下位は迷路なので，迷路に投票されていた9票が第3段階では演劇に入る。そして第4段階では？

	模擬店	迷路	縁日	演劇	お化け
第1段階	18	9	6	10	12
第2段階	18	9		12	16
第3段階	18			21	16
第4段階	18			37	

おー！　演劇の勝利!!

では最後に，もうひとつのやり方を紹介しましょう。まず，投票する人が5つの出し物案について，1位5点，2位4点，3位3点，4位2点，5位1点というように順番に点数をつけておきます。そして，その点数を全ての案について合計するわけです。
例えば，模擬店は18人の人にとって1位なので5点ずつ与えますが，他の37人にとっては5位なので1点ずつ。したがって模擬店の点数は18 × 5 + 37 × 1 = 127点ということになります。迷路の場合は，18人が2位の4点を与え，12人が3位の3点……となります。その他についても計算して表を完成させましょう。

できました！　この方法なら迷路がトップになりますね！

	18人	12人	10人	9人	4人	2人	合計
模擬店	5	1	1	1	1	1	127
迷路	4	3	2	5	3	3	191
縁日	3	4	3	3	5	5	189
演劇	2	2	5	4	2	4	162
お化け	1	5	4	2	4	2	156

はい。これまでに5つの方法を紹介しましたが，いずれも違う案が選ばれることになりました。つまり，ひと口に多数決といっても，そのやり方は様々です。そして，決め方によって結果が変わることがあるわけですから，どの決め方が人々の考えをより反映できるのか，しっかり考える必要がありそうですね。

つまり，単純な多数決が，必ずしも多数派の意見を反映しているとは言えないわけですね。

そういうことです。では次に，多数決による民主主義の根拠となる功利主義，つまり「最大多数の最大幸福」という考え方について検討してみましょう。

なんだか難しそうですね。

大丈夫ですよ。まず，ちょっとした思考実験をやってみましょう。

線路を走っていたトロッコ（路面電車）が制御不能になった。このままでは前方で作業中の５人が，猛スピードのトロッコに轢き殺されてしまう。この時，あなたは線路の切り替えレバーのすぐ側にいた。あなたがトロッコの進路を切り替えれば５人は確実に助かる。しかし，その別路線では１人の作業員がおり，５人の代わりに１人がトロッコに轢かれてしまう。この時，あなたはレバーを切り替えて，トロッコを別路線に引き込むべきだろうか?

うーん，難しいなぁ。でも，より多くの人の命が助かるわけだから，レバーを切り替える方がいいかなぁ。

だとすると，それは「最大多数の最大幸福」を重視したと言えるでしょう。では，次のような場合はどうですか？

あなたは線路にかかっている橋の上に立っており，あなたの横には太った男がいる。男はかなり体重があり，もし彼を線路上に突き落として障害物にすれば，トロッコは確実に止まり５人は助かる。だが，そうすると男がトロッコに轢かれるのは確実である。男は状況に気づいておらず，あなたに対し警戒もしていないので，突き落とすのに失敗する恐れは無い。この時，あなたは男を突き落とすべきか?

うーん，これは一段と難しい。この場合だと，突き落とすという判断はなかなかできないなぁ。

でも，最初の例と比べた場合，犠牲になる人数は１人で変わりませんよ。それによって，より多くの人が助かるんですよ。

いやぁ，とはいっても，レバーを切り替えるのと，直接突き落とすのとでは重みが違うというか……。

実はこの問題は「トロッコ問題」と呼ばれ，世界中の哲学者や心理学者の頭を悩ませてきました。簡単に答えが出せるような問題ではありませんね。ただ，いずれにしても，「最大多数の最大幸福」という考え方には，どこか受け入れられない部分がありそうです。

確かに，多くの人が幸せになったとしても，それが誰かの犠牲の上に成り立っているというのは，心が痛みますね。

「最大多数の最大幸福」が正しい考えだと言えるかどうかを検討するために，もうひとつの問題を考えてみましょう。「臓器くじ」と呼ばれる思考実験です。

今，心臓疾患を患って死に瀕しているXと，肺疾患を患って死に瀕しているYがいる。2人の命を救うには，それぞれ健康な心臓と肺の移植を受けるしかない。そこで，公平な「くじ」によって健康な人をランダムに1人選び，その人の心臓と肺を摘出・移植してX・Yの命を救うことは正しい選択と言えるだろうか? なお，移植手術が失敗したり，移植による拒絶反応が起きたりすることはないものとする。

うーん。この問題も，人数だけで考えたら，1人の命と引き換えに2人の命が救われるわけですよね。「最大多数の最大幸福」の考え方からすれば，より多くの命が助かることはよいことだと言えるのかもしれないけれども，やっぱり納得できないなぁ。どんな人間の命にも，かけがえのない価値があるわけだから，本人の意思に反して，その命が奪われることがあってはならないと思います。

なるほど。このように考えてくると，私たちの社会が目指すべきは，誰かを犠牲にすることではなく，より多くの人が幸せになる方法を考えることだと言えそうですね。もうひとつの例を考えてみましょう。

A～Dの４人がいて，現在の幸福度を０とします。これから実施する政策の選択肢が３つあり，政策Ⅰを実施するとAの幸福度は10，Bは５，Cは−30，Dは10になります。これを合計すると，幸福度は−５ですから，採用することはないでしょう。

	A	B	C	D	合計
現在	0	0	0	0	0
政策Ⅰ	10	5	−30	10	−5
政策Ⅱ	25	25	−30	20	40
政策Ⅲ	10	10	5	10	35

そうですね。「最大多数の最大幸福」の観点から考えてみても，政策Ⅰは採用できません。

では，政策ⅡとⅢを比較してみましょう。どちらの方がよりよい政策なのでしょうか？

うーん。幸福度の合計を見ると，政策Ⅱは40で，政策Ⅲは35だから，政策Ⅱかなぁ。

ということは，A～Dの４人で多数決をとると，政策Ⅱが採用されるでしょうね。

でも，政策Ⅱを採用すると，Cさんは今よりも幸福度が下がってしまいます。それはやっぱりよくないので，政策Ⅲを採用する方がよいと思います。

確かに，政策Ⅲならば，誰ひとりとして不幸になることはなく，全員が幸福度を高めることができますね。ただし，公開の議論をすれば政策Ⅲが選択されるかもしれませんが，秘密投票で多数決をすると政策Ⅱが選択される可能性が大きいでしょう。

なるほど。多数決にはいろいろな問題点があるのですね。

この政策選択の問題点や，「トロッコ問題」「臓器くじ」といった思考実験が示すように，多数者の利益を重視すると，特定の個人，あるいは特定の少数者に犠牲を強いる危険があります。しかし，多数決による民主主義によって政治を運営していくと，場合によってはこのような犠牲を生み出しかねない。これが民主主義の問題なのです。では，このような民主主義の問題を防ぐには，どのような仕組みが必要なのか？　次回はその点について考えてみましょう。

本日の名言

仮に１人を除く全人類が同じ意見で，１人だけがそれとは反対の意見を持っているとしても，人類がその１人を沈黙させることは許されない。それは，仮にその１人が全人類を沈黙させるだけの権力を持っていたとしても，それを行うことが許されないのと同じことである。

J. S. ミル（1806-1873）

藤井からのコメント

3時間目　多数決による民主主義は正しいのか？

新学習指導要領で新設される「公共」の大項目A「公共の扉」の中項目（3）「公共的な空間における基本原理」では，ア（イ）に「人間の尊厳と平等，個人の尊重，民主主義，法の支配，自由・権利と責任・義務など，公共的な空間における基本的原理について理解すること」が示されており（「解説」45頁），今回の授業は，上に示した新学習指導要領にある民主主義とその決め方である「多数決」を授業テーマにしている。

この民主主義（多数決）の授業は，土井先生の「少数意見を取り入れた民主的な決定プロセス」や「熟議民主主義」，飯田先生や大芝先生の「投票数と議席数の乖離」などからのアドバイスを授業化したものだと考えている。

ここからはいくつかコメントを行いたい。

第1に，この授業のテーマは，「民主主義」を考えさせることなのか，「多数決」という，ある民主主義の決定方法を考えさせることなのか，はっきりさせると，より授業の中身がすっきりと分かりやすくなったはずである。授業の流れは，明らかに後者であり，そこをはっきり意識した授業にしてほしかった。

第2に，用語の定義をしっかり行ったり，また他教科・科目との連携を考えてほしかった。

前者は，導入の先生の発言で，「私たちが協働して幸せになれるようにすることが政治の役割です」と言い切ってしまった。ここで政治の定義は多数あることを紹介することは，政治を多面的に理解することになる。さらに教科書を参照させると，どのような授業であっても「教科書に戻る」ことになり，生徒の授業への安心感を高めることになる。

また後者については，「絶対王政」は既習のはずであるから，生徒に質問をして知識の確認をすることもできたと思う。

第3に，今回の授業は，文化祭の出し物を多数決で決める設定で，様々な「多数決」があることを実証的に明らかにした点で優れた実践である。しかし，単純多数決と決選投票つき多数決で結果が違うことが明らかになった時，「びっくりですよね」で終わらずに，なぜ異なるのか，決選投票つき多数決は単純多数決と比べてどのような点が優れているのかなどを考えさせ，深めていく必要がある。そのように「問い」などを通じてさらに考えさせることが，「主体的・対話的で**深い学び**」の「**深い学び**」部分だと考えている。

第4に，暗記させる必要はないにせよ，ボルダ・ルール，パレート改善などの基礎的な用語を紹介してもよかったのではないか，同様に，決選投票つき多数決は，フランス大統領選挙の選挙方法だということを知らせたり，答えさせたりしてもよかったのではないかという点である。特に後者の質問などは，現実の政治システムと授業内容が結びついて生徒の知識を強固にしたり，家庭で保護者との話題になったりするはずである。生徒が現実と結びついた理解ができると，例えば家庭で夕食を食べながらTVのニュースを見ていた時，そのニュースでフランス大統領選挙が報道されると，生徒は得意になって家族に説明することがよくある。このようなことが続くと，生徒の有効感が高まるだけでなく，授業に対する保護者の信頼感も高まっていく。そのような効果も考えられるだろう。

第5に，「トロッコ問題」「臓器くじ」は，この時間中の紹介だけにせず，もう少し時間をとってじっくり考えさせる方がよかったのではないかという点である。新科目「公共」では「囚人のジレンマ」「共有地の悲劇」などの思考実験が示されており，そのゲームを通して「思考実験など概念的な枠組みを用いて考察する活動を通して，様々な主張や利害の絡み合いや倫理的な判断の対立がもたらす課題解決の困難さを生み出している現代社会の複雑な状況を単純化して課題の本質を的確に捉え，人間としての在り方生き方を多面的・多角的に考察し，表現できるようにすることが必要である。例えば，『最大多数の最大幸福を実現するが特定の人に大きな負担を課すことになる政策と，効用の総量を最大化できないがお互いを配慮し全員の効用を改善し得る政策とを比較し，どちらが望ましいと考えるか』（「解説45頁」）などの課題を考えることが示されている。その意味で，現実にはありえない「トロッコのレバーを，右に切るか左に切るか」の選択を行わせ，その理由を話し合わせることによって，「多数決」「功利主義」の理解をさらに深めることができたはずである。

4時間目　憲法は何のためにあるのか？

前回は，民主主義という政治運営の方法について学びました。

はい。でも，多数決で物事を決めることには，いくつかの問題点がありました。ひとつは，多数決にもいろいろな方法があり，単純な多数決は必ずしも多数派の意見を反映しているとは限らないということです。

そうでしたね。もうひとつの問題点は？

「最大多数の最大幸福」という功利主義の考え方には限界があるということです。つまり，多数者の幸福や利益を優先すると，特定の個人や少数者が犠牲を強いられてしまう危険性があります。

「トロッコ問題」や「臓器くじ」の思考実験からも，そのような問題点が分かりましたね。ですから，民主主義の下では，多数決を行う前提として，少数者も十分に自分の意見を述べる機会が与えられ，自由に議論ができるということが大切なのです。

ただ，いくら話し合いをしたとしても，最終的にはみんなで決めたことには，みんなが従わなければなりませんよね。そうすると，どうしても多数者の力によって，誰かが犠牲になるということが起きてしまうのではないでしょうか？

そうですね。ですから，そういったことが起きないようにするためには，例えみんなの意思だとしても「決めてはならないこと」を，あらかじめみんなの共通理解として約束しておく必要があるわけです。

では，どのようなことならみんなで決めることがよくて，どのようなことだとみんなで決めてはいけないのか，具体的に考えてみることにしましょう。

文化祭でクラスの出し物としてミュージカルをやることになりました。次の内容について，クラスみんなで決めてよいことに○，決めてはならないことに×，場合によっては決めてよいことに△をつけてみましょう。

① クラス委員のＡ君を主役にすること（Ａ君は特に嫌がっていない）
② 歌の上手なＢさんを主役にすること（Ｂさんは恥ずかしがり屋で嫌がっている）
③ 歌の下手なＣ君には劇中で歌わせないこと
④ 宗教上の理由である役を演じたくないＤさんに，その役をやらせること
⑤ 男女どちらでもできる役を，男子生徒だけから選ぶこと（女子生徒にも希望者がいる）

「①＝○，②＝△，③＝×，④＝×，⑤＝×」だと思います。

なるほど。どのような基準で区別したのでしょうか？

その人の尊厳を否定していないかどうか，不合理な男女差別にあたらないかどうか，といった基準です。②はＢさんがどの程度嫌がっているかにもよるので△にしました。

では，もう少し話を広げて，国民の代表者である国会議員が作る法律について考えてみましょう。

次の各内容について，法律として決めてよいと思うことに○，決めてはならないと思うことに×，場合によることに△をつけ，理由を考えましょう。

① 子どものスマートフォンの利用時間に上限を設ける法律
② 首相を批判する内容の本の出版を禁止する法律
③ 刑務所から出所した人の住所を公開する法律
④ 労働者の１日の労働時間に上限を設ける法律
⑤ 一定の年齢になるまでに結婚することを義務づける法律

①は×です。もちろん使いすぎはよくないと思いますが，そういったことは家庭で決めればいいことで，法律で決めることではないと思います。

なるほど。つまり，私的な領域の事柄については，国家が介入すべきではないということですね。②は？

②も×です。政治について批判することを認めなかったら，独裁政治になってしまうと思います。言論の自由や表現の自由は守られるべきです。

では，③はどうですか？　犯罪者の住所を公開するのも，広く表現の自由として認められるべきでしょうか？

これは難しいですね。確かに，社会の安全という観点から考えると公開してもいいような気がしますが，でもプライバシーの侵害だともいえます。だから△にします。

④はどうでしょうか？　どれだけ働くかは労働者と雇用主との私的な事柄でしょうか？

確かに，私的な領域のことかもしれないですが，雇用主に比べ労働者は弱い立場にあるので，やはり法律で規制しないと過労死のような問題が起きてしまうと思います。だから○です。

最後に⑤はどうですか？

これはダメ。×です。少子化を防ぎたいのかもしれませんが，結婚するかしないかといった人生の選択は，最も大切な個人の自由だと思います。

なるほど。今見てきたように，「みんなで決めてよいこと」か「みんなで決めてはならないこと」かは，公的領域のことか，それとも私的領域のことか，個人の尊厳を否定していないか，合理的な理由のない不平等になっていないか，といった判断基準で分けることができます。そして，「みんなで決めてはならないこと」を個人の権利として守るために定められたものが憲法なのです。

なるほど。それが基本的人権の保障ということですね。

はい。憲法は，その時々の多数派の意見によって人権が侵されてしまうことのないように，民主主義に制約をかけているわけです。

民主主義はもちろん大切だけれども，それが暴走することのないように憲法でブレーキをかけているのですね。

はい。そして，基本的人権の保障の基礎となる考え方が，「個人の尊重」です。日本国憲法第13条で，次のように定められています。

すべて国民は，個人として尊重される。生命，自由及び幸福追求に対する国民の権利については，公共の福祉に反しない限り，立法その他の国政の上で，最大の尊重を必要とする。

何よりも大切なのは，一人ひとりの人間はかけがえのない存在だということですね。

その通り。人間は，一人ひとりに存在する意義があり，一人ひとりに生きる目的があります。誰かのための道具でも，社会全体を上手く回すためだけの歯車でもありません。人は，みずからの人生の主人公なのです。一人ひとりの人間を，そのような存在として尊重していくことが「個人の尊重」ということです。

こうやって考えてくると，憲法を学ぶことの大切さがよく分かりました。

そうですね。今見てきたように，「個人の尊重」を基礎として，人々の権利や自由を保障するために，憲法によって国家権力を制限する考え方を立憲主義と言います。

国家権力というのは，どのようなもののことですか？

立法・行政・司法といった政治を行う権力のことです。現代社会では国家権力の担い手を国民が選んでいます。

それが国民主権ということですね。

はい。ただし，国民を代表する議会や民主的に選ばれた政府であっても，憲法によって縛られるわけです。

どうやって，権力に歯止めをかけるのですか？

国家権力を立法・行政・司法という3つの権力に分け，それぞれ国会・内閣・裁判所に分担させているわけです。

いわゆる三権分立ですね。

はい。フランス人権宣言第16条に「権利の保障が確保されず，権力の分立が規定されない全ての社会は，憲法を持つものではない」と書かれていますが，この条文は憲法の本質をよく表していますね。

あ，世界史で習ったことがあります。

立法権の担い手である国会（議会）は，国民が選挙で選んだ代表者（議員）からなります。そして，社会のルールである法律を作る。そして，その法律に基づいて，内閣が政治を運営していきます。

それが行政ですね。例えば，どのようなことですか？

犯罪を取り締まったり，税金を徴収したりするといったことが分かりやすいでしょうか。他にも，道路などの公共財を作ったり，教育や社会保障を行ったりするのも行政ですよ。

そっか。そういったことを行うための法律は国民の代表者からなる国会で決めているわけだから，民主主義の政治を実現していることになるわけですね。

はい。でも，先ほどの○×△の問題にあったように，人権を侵害するような法律ができてしまっては困りますね。そこで裁判所は，国会が作る法律が，憲法で保障されている人権を侵害していないかどうかを審査する権限を持っているのです。これを違憲立法審査権と言います。

なるほど。それが立憲主義による権力へのブレーキということですね。

その通りです。「憲法」の語源を調べてみると，「憲」という字は「目の上にかぶせて，勝手な言動を押さえる枠」を表しています。

確かに，そういった形をしていますね。

一方，「法」は「池の中の島に珍獣を押しこめて，外に出られないようにした様子」を表しています。「憲」と「法」という字からも，憲法の役割が伝わってきますね。

そういえば，ちょっと分からないのですが，憲法と法律はどのように違うのですか？

いい質問ですね。憲法と法律は，どちらも「法」ですが，「誰に向けられたルールか？」という点で性格が異なるものなのです。まず，法律と言ったら，どのような内容が思い浮かびますか？

例えば，人のものを盗んだり暴力をふるったりしてはいけないといったことや，未成年者がタバコを吸ったりお酒を飲んだりしてはいけないといったことですね。

他にも，自転車の2人乗りの禁止や，税金の徴収なども，法律で決められていることですね。つまり，多くの法律というのは「あれをしてはいけません」「これをしなさい」と，国家権力が国民に向けて定めたルールなのです。みんなが幸せに暮らすためには，社会の秩序が維持されなくてはなりませんからね。

そっか。でも，これまで見てきたように，国家が好き放題に法律を作って，国民の権利や自由を制限してしまったら，誰かが犠牲になったり，場合によっては独裁政治になったりしてしまうから，憲法によって権力をコントロールしているわけですね。

その通り。国家権力が暴走しないように，縛りをかけるためのルール。それが憲法なのです。そのことをよく表しているのが，日本国憲法第99条です。

天皇又は摂政及び国務大臣，国会議員，裁判官その他の公務員は，この憲法を尊重し擁護する義務を負ふ。

なるほど。憲法を尊重し守らなければならないのは，国家権力の担い手であって，国民が守るものではないのですね。

はい。このことはとても大切なので，しっかりと頭に刻み込んでおいてくださいね。

本日の名言

あなたの人格と他のあらゆる者の人格の中にある人間性を，常に同時に目的として扱い，決して単に手段としてのみ扱わないように行為しなさい。

イマヌエル・カント（1724-1804）

藤井からのコメント

4時間目　憲法は何のためにあるのか？

本時のテーマは,「憲法は何のためにあるのか？」だが, ここまでの3時間の授業実践はひとまとまりになっていることをまず確認したい。つまり,「なぜ協働が必要なのか？」「多数決による民主主義は正しいのか？」「憲法は何のためにあるのか？」という3つの問いかけは, そのまま現行の現代社会や政治・経済の教科書に載っている「政治や国家」「絶対王政から民主政治へ」「社会契約説」「国民主権の成立」「権力分立」「法とは何か」「法の支配」「人権の保障」「民主政治の展開」などをワンセットにして授業化しようという試みである。従来, 多くの先生方は, それぞれの各項目を単独で教えることが多かったと思う。具体的には,「法の支配とは……」という授業である。しかし, 法の支配と憲法の存在意義, 人権の保障などは相互に密接に関係がある。それらをバラバラに教えると「憲法の名宛て人は誰か」などの重要事項が抜けてしまうことが多い。その意味で, 多くの先生方に応用していただきたい連続3時間の授業である。

ところで「新科目『公共』には憲法学習がほとんどない」との批判がなされている。しかし, 大項目A中項目（3）ア（イ）には「人間の尊厳と平等, 個人の尊重, 民主主義, 法の支配, 自由・権利と責任・義務」(「解説」45頁）と, 憲法や基本的人権の基本概念を身につけることが求められていることを確認したい。さらに, 大項目B内容の取扱い（3）カ（ウ）に「その際, 主題に関わる基本的人権の保障に関連付けて取り扱ったり」(「解説」51頁）と, 基本的人権を扱うことが示されていることに注意してもらいたい。ただし, 土井先生が指摘している通り, 現行の現代社会や政治・経済と異なり,「体系的な憲法学習は, 中学で一度行っているはずなので, 繰り返して定着させることも大事だと思うのですが（新科目「公共」は２単位しかないので），たぶん憲法ばかり学ぶことはできないだろうと考えています。ですから先ほど話しましたように，政治のところで表現の自由など政治的権利を学ぶ。経済のところで財産権の保障や職業選択の自由を学んでいく。そのように各テーマにばらす必要があると思うのです」（本書33頁）と憲法を「横串」にして活用することが求められている点にも注意が必要である。

また，本時を含む連続授業は，土井先生の「憲法学習については，条文ベースではなく，本質の理解が大切」というアドバイスを意識して企画されたことがうかがえる。

ここからは，いくつかコメントを行いたい。

第１に，文化祭の役割分担や「法律で決めてよいこと，いけないこと」など，生徒にとって身近な「問い」を立てて考えさせている点を高く評価したい。ただし,「問い」に対する生徒たちの意見の共有や摺り合わせ，あるいは考え方の基準作りまで取り組んでほしかった。

例えば，文化祭のミュージカルの役決めで，各自が○×△を理由をつけてメモをとった後，４人１グループとなり，それぞれの意見を述べてグループごとに意見を摺り合わせてひとつに決めさせ，それぞれに発表させることが考えられる。

あるいは,「スマートフォンの利用時間に上限を設ける法律」「首相を批判する内容の本の出版を禁止する法律」は，どのような理由（基準）で制定してはいけないのかを話し合わせ，類型化していくことが可能だったと思う。そしてその活動では，教員はファシリテーターとなり，結論を言うのではなく，生徒たちから答えを上手く引き出す授業展開にすると，さらに「深い学び」になったと考えられる。

第２に,「憲法は，その時々の多数派の意見によって人権が侵されてしまうことのないように，民主主義に制約をかけているわけです」と先生は発言するが，実際に憲法裁判が多く提起されている現状は,「その制約が上手くいっていない」ためであり，その点を考えさせる必要があるだろう。つまり憲法の存在意義を確認させるだけでなく，常に憲法的な視点で身のまわりや社会を考えたり，分析したりする必要性を理解させたい。同時に，憲法保障機能としての違憲立法審査権に触れると，生徒の理解がさらに広がったはずである。

第３に，新科目「公共」では「私法」を扱うことになった。そのため，「法律とは『あれをしてはいけません』『これをしなさい』と国家権力が国民に向けて定めたルール」だけとは言い切れなくなっている現状を確認させたい。つまり，現代法には，「禁止規定」だけでなく「相互の利益を守るための規定」や「救済規定」などがあることも指摘し，改めて「法律とは何か」を考えさせることもできたはずである。

第3節　主権者として求められる資質・能力を育む

ここでは，すでに学んだ「公共的な空間の基本原理」を活用して，現実社会の様々な課題を追究する授業（7時間分）を紹介する。生徒にとって身近な「学校」からスタートし,「地域社会」「国」「国際社会」へと関心を広げられるように配列した。また, 最後に「メディア・リテラシー」をテーマとした授業も提案している。これらの授業を通じて，主権者として求められる資質・能力を身につけていくことが期待される。

5時間目　主体的な参加のあり方とは？

先生

これまでに「民主主義とは何か？」ということについて学んできました。

生徒

はい。民主主義というのは，簡単に言うと「自分たちのことは自分たちで決める」ということでしたよね。

その通り。では，民主主義の特徴をよく表している，リンカンの名言は覚えていますか？

もちろんです。「人民の人民による人民のための政治」です。

そうでしたね。そういった意味での民主主義を学ぶことが学校教育の最大の目的であるならば，生徒のみなさんには「生徒の生徒による生徒のための学校」というものを作っていけるようになってもらいたいわけです。

「生徒の生徒による生徒のための学校」ですか。なんか，すごくいい響きですね。

そこで今日は，民主的な学校，さらには民主的な社会を作るための前提となる，主体的な参加のあり方について考えてみることにしましょう。まず，こちらの図を見てください。

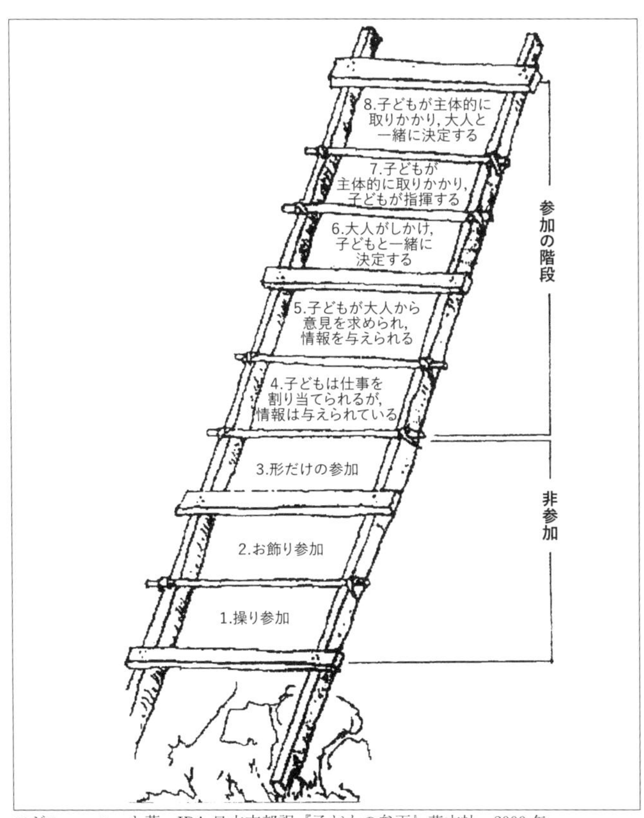

ロジャー・ハート著，IPA 日本支部訳『子どもの参画』萌文社，2000 年

はしごみたいですけれど，何を表しているのですか？

これは，アメリカの心理学者ロジャー・ハートが考案した「参加（参画）のはしご」と呼ばれるものです。子どもや若者の社会参加のレベルを8段階のはしごに見立てて，上に行くほど主体的に参加する程度が大きいことを示しています。

それぞれ，どのような参加のあり方を表しているのですか？

まず，1段目の「操り参加（欺き参加)」は，大人の利益のために子どもを利用したり，だましたりしてしまうというものです。例えば，子どもが描いたポスターを大人が勝手に編集して売り出し，お金儲けをしてしまうみたいなことです。

それはひどい。完全に子どもを利用していますね。

2段目の「お飾り参加」も似たようなもので，子どもを「お飾り」として利用します。例えば，大人が募金活動を行う際に，小さな子どもに募金箱を持たせているけれども，その子どもは何をしているのか分かっていないことです。

たまに街中で見かけますね。子どもが持っていた方が，募金が集まりそうだから，「お飾り」にするわけですね。

3段目の「形だけの参加」も，子どもは形式的に参加させられていて，実質的には参加していません。例えば，「子ども議会」のようなものがあったとしても，実はそれは名ばかりで，質問や提案は全て事前に大人が作ったシナリオ通りに行うといったものです。

確かに，それじゃあ参加しているとは言っても形だけですね。

ここまでの1～3段目は，結局，子どもは参加していないのと一緒です。次の4段目からが，参加と呼べる段階になります。まず4段目は，子どもに仕事が割り当てられていて，情報が与えられているという段階です。つまり「役割参加」ということができますね。

学校の日直や委員会でありがちですね。生徒は何をするのか分かっているけれども，基本的には先生の指示に従うだけといった感じですよね。

はい。ですが，こうしたことを続けているだけでは，子どもたちが民主主義社会の担い手になることはできないでしょう。次の5段目は，子どもが大人から意見を求められ，考えるための情報も与えられている段階です。つまり「意見表明の参加」と言えます。

さっきの4段目と違って，子どもが意見を言えるわけですね。

はい。でも，決めるのは大人です。これも学校でよく見られるのではないでしょうか。例えば，遠足の行き方について子どもたちは意見を言うけれど，最終的には先生が決めるというものです。

6段目はさらに進んで，大人が仕かけ，子どもと一緒に決定するというものです。例えば合唱コンクールで歌う曲について先生がいくつか提案し，子どもたちと先生が一緒に決めるといった感じです。

つまり，子どもと大人の「共同決定の参加」ということですね。

そうです。この辺りまでくると，だいぶ子どもの主体性が発揮できる段階ですね。そして7段目。これは，子どもが主体的に取りかかり，子どもが指揮をするという段階です。つまり「子ども主導でやり切る参加」です。

なるほど。文化祭の企画で，こういったことができると楽しいですよね。

そして最後の8段目。これは，子どもが主体的に取りかかり，大人と一緒に決定するというものです。さっきの7段目との違いは，自分たちで企画して，さらに大人も巻き込んでいくという点です。

この「大人を巻き込む参加」のレベルまで行けば，文化祭の企画をやるにしても，相当おもしろいものができて，充実しそうですね。

そうですね。では，ある学校の生徒たちが，地域の清掃活動（ゴミ掃除）を行う場面を考えてみましょう。A～Hは，それぞれ「参加のはしご」の何段目にあたると思いますか？

A. 先生が「総合学習の時間」に清掃活動の目的について説明した。生徒たちは先生の指示に従って班になり，それぞれの持ち場に分かれて掃除をした。

B. 先生が「総合学習の時間」に清掃活動の目的について説明した。生徒たちは掃除のやり方について話し合った。先生はその意見を参考にやり方を決め，生徒たちに指示を出した。

C. 先生が「総合学習の時間」に清掃活動の目的について説明した。生徒たちは掃除のやり方について話し合い，様々な提案をした。そして，先生と生徒たちが話し合い，一緒にやり方を決めて掃除を行った。

D. 清掃活動のやり方を決めるために，学校は生徒の代表からなる実行委員会を作った。しかし，先生は従来のやり方を一方的に提案して，会議は5分で終わった。生徒はその決定に従って掃除を行った。

E. 清掃活動のやり方を決めるために，学校は生徒の代表からなる実行委員会を作った。しかし，実際には委員会は開かれず，従来通りのやり方で掃除を行った。清掃活動の報告書には，委員会の生徒の名前が記載された。

F. 今年は例年以上に行事が多く，先生が多忙だったため，清掃活動ができなかった。しかし，学校のHPには昨年の写真を載せて，生徒たちが清掃活動を行ったと嘘の記載をした。

G. 地域の清掃活動を行うために，生徒たち自身がボランティア団体を立ち上げた。生徒たちだけで話し合って企画を立て，実際に清掃活動を行った。

H. 地域の清掃活動を行うために，生徒たち自身がボランティア団体を立ち上げた。生徒たちは先生たちにも声をかけ，生徒と先生の有志が集まって清掃活動を行った。

はい。まずAは，先生が指示して生徒がそれに従って掃除をしているので，4段目にあたると思います。

正解です。生徒は先生の指示に従っているだけで，特に意見は述べていません。

次のBは，生徒が意見を述べています。でも，最終的には先生が決めて指示を出しているので5段目です。

そうですね。その一方で，次のCは先生と生徒が一緒に決めているので，6段目ということになります。Dはどうでしょうか？

Dは，形の上では委員会が開かれているけれども，実際は先生が一方的に提案して，会議も5分しかやっていません。だから，3段目の「形だけの参加」だと思います。

そういうことです。そして，次のEは委員会を開いてすらいないのに，報告書には委員会の生徒の名前が書かれています。これは，2段目の「お飾り参加」ということになりますね。

はい。次のFは，もう論外ですね。先生が嘘をついているので1段目の「操り参加（欺き参加）」です。

では，GとHはどうでしょうか？

はい。Gは企画から運営まで生徒が主導なので，7段目の「子ども主導でやり切る参加」です。さらに，Hは生徒が大人を巻き込んでいるので，8段目の「大人を巻き込む参加」です。

その通りです。こうやって見てくると，民主主義の担い手として身につけるべき力が分かってきたのではないでしょうか。つまり，自分たちの活動を，自分たち自身でプロデュースしていく力こそが必要なのです。今後の学校生活でも，委員会や学校行事，部活動などの場面で，ぜひ「大人を巻き込む参加」ができるようになってくださいね。

はい。民主主義を実現するには，私たち自身の参加が欠かせないのですね。

〈発展学習〉

① 小学校から高校までの学校生活を振り返り，「参加のはしご」の1～3段目のいずれかにあたる事例を書き出してみよう。

② 同様に，「参加のはしご」の4～6段目のいずれかにあたる事例を書き出してみよう。

③ 同様に，「参加のはしご」の7～8段目のいずれかにあたる事例を書き出してみよう。

④ グループになり，それぞれの体験談を共有しよう。その際に，聞き手がイメージしやすいように，5W1Hを意識して具体的なエピソードを話すようにしよう。また，「参加のはしご」の1～6段目にあたる事例については，どうすればより望ましい参加になったと思うか，7～8段目については，どのような点がよかったのかを説明するようにしよう。

本日の名言

疑うことなく最初の一段を上りたまえ。階段の全てが見えなくてもいい。とにかく最初の一歩を踏み出すのである。

マーティン・ルーサー・キング・ジュニア（1929–1968）

藤井からのコメント

5時間目　主体的な参加のあり方とは？

この実践は，ロジャー・ハートが考案した「参加（参画）のはしご」を，具体的事例や自分の体験と関連づけながら考察させるもので，大変優れた実践である。小玉先生がインタビューの冒頭部分で，「学校全体で実践することが大切」「高校生を主体とすることが大切」と述べていることを受けての授業開発だと言える。また，次の「ブラック校則」とともに，テーマの範囲が「学校」となっている授業である。

大畑先生のこの授業を拝見し，筆者の勤務する大学でも実践している授業である。筆者の実践からいくつかコメントしたい。

第1に，「参加のはしご」の説明後，与えられた清掃活動の例は，はしごの何段目にあたるかを考えさせるところである。大畑先生は，個人で考えさせた後，すぐ生徒を指名して答えさせている。しかし筆者は，まず個人で考えてから4人グループでそれぞれの答えを理由を付して交換させている。自分の回答の根拠をまとめ発言させる活動を入れることは有用であると同時に他の人の意見を聞くことなどは多面的な思考をするためにも必要だと考えているからである。

第2に，「発展学習」の部分である。50分授業だとかなりタイトな授業になるが，筆者の授業では①〜④は必ず取り入れている。そして④の後，「⑤各グループで，『1 〜 3段目』，『4 〜 6段目』，『7 〜 8段目』の最適の事例を話し合いで1つ決め，その事例を書き出した生徒に，クラス全体に発表させる。その際，A3の用紙に『何段目の事例か』『どのようなエピソードか』『そのエピソードはなぜ○段目の事例なのか』『どうすればより望ましい参加になったのか，または7 〜 8段目についてはどのような点がよかったのか』を，それぞれ1 〜 2行程度書き，その用紙をクラス全体に示しながら発表する」ことにしている。よい事例をグループで話し合わせ考えさせること，さらにその事例をクラス全体で共有することをねらいとしている。またその際，どうすればより望ましい参加になったのか，または7～8段目についてはどのような点がよかったのかを話し合わせ考えさせて，思考を深めさせることを目指している。

これらの活動を行うと，本実践は，

❶参加のはしごを「理解」する。

❷練習問題を解いて理解を深め「使えるように」なる。

❸参加のはしごにあてはめて自分の体験を「振り返る」。そして，どうすればよかったのか，どこがよかったのかを「考える」。

❹グループやクラスでの体験などを共有し，意見交換から，さらに「どうすればよかったのか」などの思考・判断が深まり，これからの主体的な「参加」の指針を得ることができる。

という大きな流れを持った授業となる。特に❹は，公民科の目標でもある「民主主義社会の担い手」を育てるものになる。

第3に，清掃活動の例を考えさせるところから，個人の作業やグループでの作業が多くなるので，なるべく教員は発言をせず，発表を褒めたり生徒の発言を補足したりして，ファシリテーターに徹するべきである。

第4に，特に本授業は身近な「清掃活動」やこれまでの自分の体験や経験を題材として，「参加のあり方」を考えさせている点である。新科目「公共」では，大項目B内容の取扱い（3）カ（イ）で「自立した主体としてよりよい社会の形成に参画するために必要な知識及び技能を習得できるようにするという観点から，生徒の日常の社会生活と関連付けながら具体的な事柄を取り上げること」と記述しており（「解説」51頁），さらに続いて同（ウ）は「指導のねらいを明確にした上で，現実の具体的な社会的事象等を扱ったり，模擬的な活動を行ったりすること」と記述している（「解説」51頁）。その意味で本授業は新科目「公共」の先取りを行っている授業ということができるだろう。

6時間目　「ブラック校則」をなくすには？

ここ数年，学校の理不尽な校則，いわゆる「ブラック校則」が社会問題になっています。

映画にもなりましたよね。大好きなジャニーズのメンバーが出ていたので見に行きました。

そうですか。「ブラック校則」の存在がクローズアップされるようになったきっかけのひとつは，2017年に大阪府立高校3年生の女子生徒が大阪府を相手取って起こした裁判です。

それなら知ってますよ。生まれつき茶色い髪なのに，学校側が何度も黒染めを強要したんですよね。

はい。このニュースは海外のメディアでも報じられるなど，大きな注目を集めました。そこで今日は，「そもそも校則は何のためにあるのか？」，そして，「どうすれば理不尽な校則をなくせるのか？」について考えてみることにしましょう。

はい。身近なことなので，すごく興味があります。

まず，以前新聞に掲載された，中学2年生の女子生徒が書いた詩を読んでみましょう。

校則

中学生らしい髪型にすること
髪を染めてはいけないこと
ピアスを開けてはいけないこと
服に色の指定があること
こんなことで怒る先生も大人も
社会もどうかしていると思う

中学2年生　女子

（読売新聞『こどもの詩』より）

この女子生徒の意見に賛成の人は手をあげてください。

7～8割くらいの人が賛成ですね。理由は？

髪を染めたり，アクセサリーをつけたりしても誰にも迷惑はかけていないですよね。もっと自由や個性を尊重すべきだと思います。

反対の人はどのような意見ですか？

確かに誰にも迷惑はかけていないかもしれないけれども，ルールはルールなのだから，ちゃんと守るべきだと思います。それに，学校は勉強するところであって，オシャレは必要ないのではないでしょうか。茶髪の生徒が多いと学校の評判も悪くなってしまうと思います。

なるほど。賛否は分かれるでしょうが，頭髪やアクセサリーを校則で規制することにも一理ありそうですね。では，これまでみなさんが過ごしてきた小学校から高校までの学校生活の中で，これはどう考えてもおかしいと思った校則はありますか？

小学校の時に，シャープペンシル禁止というルールがありました。あと，教科書などの「置き勉」禁止。

うちの小学校では，暑くても下敷きであおいではいけないっていうルールがありました。

私の通っていた中学校では，ポニーテールが禁止でした。あと，下着の色は白でなければいけなかったのです。

僕の中学校ではマフラー禁止でしたよ。あと，寄り道も禁止。

なるほど。みなさん，いろいろな校則を経験してきたようですね。それらの校則の理由を，先生たちはどのように説明していましたか？

シャープペンシルについては，鉛筆の正しい持ち方を学ぶためと言っていました。「置き勉」は自宅学習のためとか，紛失してしまうのを防ぐためとか。

下敷きであおぐことは，先生に失礼だからと言われました。

ポニーテールは，うなじが見えると男子生徒が興奮するからと言っていましたよ。あと，下着も透けるといやらしいからって。でも，下着をチェックされるのは，すごく嫌でした。

マフラーは，ふざけて首を絞めたりすると危ないからって言われました。寄り道はゲームセンターなどで遊ぶようになると非行につながるって言われて。

そうですか。みなさんからすると，どれも納得がいかないわけですね。もう一度，頭髪の話に戻りますが，みなさんが通うこの学校にもある「地毛証明書」の提出についてはどう思いますか？

それについては，地毛が茶色なのに，染めていると誤解して間違った指導をすると，生徒に嫌な思いをさせてしまうから，仕方ないと思います。

私はそう思いません。わざわざ小さい頃の写真まで持って来させたりするのは，やり過ぎだと思います。持って生まれた特徴なのに，なんか悪いことをしているみたいな感じがして。学校でそういう指導をしているから，「黒くてストレートの髪が正しい」みたいな価値観ができてしまうのではないでしょうか？　くせっ毛の人は「テンパー」って言われて，いじめられることもあるし。

そもそも，茶色に染めるのはダメで，黒に染めるのはOKっていうのは矛盾していると思います。

今後，グローバル化が進んで外国人の生徒も増えてくるだろうから，もっと多様性を認めた方がいいと思います。

なるほど。いろんな意見が出てきましたね。ではここで，どういう場合に自由を制限することが正当化されるのかについて考えてみることにしましょう。つまり，校則による規制の根拠となる考え方です。これには大きく3つがあります。1つは，他人に危害や迷惑を及ぼす行為を規制するというもので，「危害原理」と呼びます。2つ目は「モラリズム」で，社会の道徳を維持するためという考え方です。そして3つ目が，子どもは判断能力が未熟なので，本人の利益のために自由を制限するという考え方で，これを「パターナリズム」といいます。

確かに，学校は教育機関だから，生徒のためを思って色んなルールがあるのかも。

でも，その基準が分からないものが多いと思います。どこまでがよくて，どこからがダメなのか。

それに，「生徒のため」とか言いながら，結局は先生たちが生徒を管理しやすくしているだけなんじゃないかなぁ。

校則によっては，そういった側面があるかもしれませんね。例えば，1980年前後に生徒の校内暴力や喫煙が社会問題化したことがありました。その頃に，男子生徒に対して「丸刈り」を強制する校則が広がったのです。一方で，校則で丸刈りを強制するのは憲法違反だと生徒が訴えた「丸刈り訴訟」（熊本地判昭和60・11・13）などが起き，80年代後半には当時の文部省も中学・高校に行き過ぎた校則の見直しを求めました。

そんな時代があったんですね。

はい。他にも，1988年に静岡の中学校で髪を染めるなどした生徒が卒業アルバムから外されたり，1990年に神戸の高校で遅刻の指導中に女子生徒が校門に挟まれ死亡するといったことがありました。こうしたことが背景となって，行き過ぎた管理教育に対する批判が巻き起こったのです。

それはひどいですね。でも，それからだいぶ経つのに，いまだに理不尽な校則が残っているのはなぜですか？

ひとつには，中学も高校も3年間という短い在学期間なので，当の生徒たちが「おかしい」と声を上げるより，我慢した方がいいと考えていることが多いからかもしれません。

確かに。裁判までやるなんて，ちょっと考えられないかも。それに，推薦入試で進学しようと思った時に，不利になったら困るって考える人も多いかもしれませんね。

それもあるでしょう。でも，みんなが黙っていたら，何も変わりませんよね。

じゃあ，「ブラック校則」をなくすにはどうしたらいいのですか？

ひとつは，「校則の公開」が有効な手段ではないでしょうか。授業の最初に話した，大阪府立高校での黒染め問題を受けて，大阪では全ての府立高校で校則の内容を学校のホームページで公開するようになりました。他の自治体でも，同じように校則を公開する動きが起きています。

なるほど。そうすれば，学校側は理不尽な校則をちゃんと見直そうとするし，生徒も入学後に困るといったことが減りますね。

もうひとつは，校則を決めたり変えたりする際に，生徒，保護者，先生による「三者協議会」を開くことも効果があるでしょう。こちらも，実際にそのような場を設ける学校が増えてきています。

それはすごくいいことですね。

はい。みなさんには「意見表明権」がありますからね。日本も批准している「子どもの権利条約」第12条には，「締約国は，自己の意見を形成する能力のある児童がその児童に影響を及ぼす全ての事項について自由に自己の意見を表明する権利を確保する。この場合において，児童の意見は，その児童の年齢及び成熟度に従って相応に考慮されるものとする」と書かれています。

自分たちで決めたことならば，生徒もその校則をちゃんと守ろうという責任感が生まれると思います。

そうですね。このように，情報公開と自由な議論は，民主主義を実現する上での大前提です。そして学校は，生徒のみなさんが「民主主義の担い手」になるための力を育むところです。ですから，自分たちのルールを，自分たち自身の手で作り上げていく経験をすることは，とても大切なことでしょう。

本日の名言

子どもの教育とは，過去の価値の伝達ではなく，未来の新しい価値の創造である。　ジョン・デューイ（1859-1952）

〈発展学習〉

次の新聞投書A・Bを読み，自分の意見をまとめてみよう。

A

しつけとは我慢を教えること

登校中の小学生で，時には茶髪や奇抜な頭髪を見かける。中学校に進学してきたら指導が大変だろうと思う。一般的にそんな子の親は「人に迷惑はかけてないからいいじゃないか」と言う。そのような論理に立てば，ピアスもネックレスも許される。指導もいらない。校則がない方が教員にとっては楽に違いない。でも，本当にそれでいいのか。

「褒めて伸ばす」とか「個性の尊重」は悪いことではない。しかし，それは基本的なしつけがあった上での話だ。私は，しつけというのは子どもに我慢を教えることだと思っている。そして，基本的なしつけは親の仕事のはずだ。

保護者と教員の意見が一致していれば問題はないだろうが，両者の思いがすれ違うことが増えているように感じる。学校は集団で生活するところだ。子どもたちは教科の学習をするだけでなく，社会のルールを学び，社会性を身につけていく。そのためにわがままはほとんど許されない。

親にとって子どもはかけがえのない存在だ。だからこそ将来の我が子の姿を思い浮かべながら，学校での指導が何のために行われているのか冷静に判断してほしい。

長崎県 中学校教員 男性 48 歳

（2015年10月31日「朝日新聞」より）

B

好みを押しつけてはいけない

髪を染めたり，ピアスをしたりすることが，なぜいけないことなのか。「校則で決まっている」「学校にふさわしくない」「体を傷つける」など，教員は様々な理屈を並べたてる。

しかし，それは「あるべき生徒像」という教員の私的な好みや趣味を，子どもたちに押しつけているだけではないだろうか。「我慢を教える」と言って正当化するのは，戦中の国民服やパーマ禁止を彷彿（ほうふつ）とさせる。あしき統制主義でしかないと思う。

学校で徹底しなくてはならない社会のルールというのは，「他人に迷惑をかけない」という公共の福祉の考え方の範囲内であるべきだ。

茶髪やピアスなどについては，本人の決定に委ねる以外にない。それが，憲法13条が要請している個人の尊重の精神である。

神奈川県 高校教員 男性 32 歳

（2015 年 12 月 30 日「朝日新聞」より）

藤井からのコメント

6時間目 「ブラック校則」をなくすには？

刺激的なテーマだが，いわゆる「ブラック校則」を題材に，民主主義の原理やその前提などを考えさせる授業である。

小玉先生のインタビューの冒頭にある「高校生を主体とする」授業や大芝先生のインタビュー中の「校則にも民主的手続きが必要」「子どもの権利条約」などを具体化した授業と言える。

「ブラック校則」を具体例にして，民主主義を考えさせる大変よい実践だと思うが，何点かコメントしたい。

第1に，「校則による規制の根拠」を3点示しているが，本来は，他の例やヒントを参考にさせて，生徒に考えさせ答えさせるべきだった。この「校則」の根拠を考えることは，「公共」の大項目Bのア（ア）「法や規範の意義及び役割（中略）などに関わる現実社会の事柄や課題を基に，憲法の下，適正な手続きに則（のっと）り，法や規範に基づいて各人の意見や利害を公平・公正に調整し，個人や社会の紛争を調停，解決することなどを通して，権利や自由が保障，実現され，社会の秩序が形成，維持されていくことについて理解すること」中の「法や規範の意義及び役割」とまったく同じテーマである（「解説」50頁）。そのため「法」「規範」「校則」を，大項目Aで獲得した考え方や基本的原理，例えば「人間の尊厳と平等，個人の尊重，民主主義，法の支配，自由・権利と責任・義務など」（「解説」45頁）を活用して，討論したり作業させながら「法」「規範」「校則」の意義や役割を考えさせ，理解させていくべきだった。同様に，「ブラック校則をなくすためにはどうしたらよいのか？」という「問い」かけも，生徒たちに考えさせるべきだったと考えている。

第2に，法教育推進協議会[1]や法教育フォーラムの教材倉庫[2]のホームページにある「ルールを考えさせる教材」などには，「ルールの必要性や根拠」以外に，「ルールは誰が定めるのか」「ルールはどのように変えられるのか」がテーマになっており，これらの事例を参考に授業を深めることができたと考える。そうすれば大畑先生の授業で示されている「三者協議会」なども，さらに議論を深めることができたと考えている。その意味で，先行している教材研究が必要だっただろう。

1）http://www.moj.go.jp/housei/shihouseido/housei10_00036.html
2）http://www.houkyouiku.jp/textbook.html（2020 年 7 月現在）

７時間目　地域社会を「魅力化」するには？

〈第１時〉

みなさんが学校生活を送っている，ここ高島平。ズバリ，みなさんはこの町が好きですか？　今日は，高島平の「魅力」と「課題」について，自由に意見を出し合ってみましょう。

えー，魅力なんてあるかなぁ。

まずは，高島平がどんな町なのか確認しておきましょう。プリントを見てください[1)]。

江戸時代後期の砲術家，高島秋帆ゆかりの地である高島平は，1960年代以前は「赤塚・徳丸田んぼ」と呼ばれる水田地帯が広がり，都民の食料供給地として，建物の新築や増築が制限される「緑地地域」に指定されていました。

その後，高度経済成長に伴う人口増加によって，都心部では住宅不足が大きな社会問題となりました。そこで，住宅不足解消の受け皿として1970年前後に「高島平団地」が建設され，当時としては先進的な近代都市が誕生したのです。「東洋一のマンモス団地」とも呼ばれた団地と周辺地域には，4万人以上が移り住んだとされます。

この新都市が誕生した当初は，20歳代から30歳代のファミリー世代が多く転入してきたため，にぎわいと活気にあふれていました。しかし，それから40年以上が経過する中で，公共施設や団地全体が老朽化し，板橋区の平均を上回るスピードで，生産年齢人口（15～64歳）の減少と急速な高齢化が進行しました。現在では，この地域の人口の約半数が65歳以上の高齢者となっています。

1）その他の配付資料は，本実践の末尾に載せた。

へぇ。ここは元々，田んぼだったんだ。

はい。たった50年ほど前にできた町なので，高島平には神社がないし，銭湯もないですよ。

確かにそうですね。それにしても，この町ができた当時は，活気にあふれていたなんて意外だなぁ。でも今は，高齢者の町っていう感じで，若者には魅力がないかも。

こうした状況を踏まえ，板橋区では，都市再生の方向性を示した地域全体のグランドデザインを策定し，高島平を“東京で一番住みたくなるまち”にするために動きだしました。では，高島平に活気を取り戻すためには，何が必要なのでしょうか？　今回はまず，みなさんが抱いている高島平の印象について話し合ってみましょう。次回の授業では高島平の町に飛び出し，地域の課題を発見するフィールドワークを行います。最終的には，「高島平魅力化プラン」をまとめて，プレゼンテーションをしてもらいます。

よーし。おもしろいアイディアを考えるぞ。

では早速グループになって，高島平の「魅力」と「課題」について考えてみましょう。

〈グループワークの手順〉

① 高島平の「魅力（評価できる点）」を，各自ふせん（青）に書きましょう。（1枚に1つ，マーカーで）

② 高島平の「課題（改善すべき点）」を，各自ふせん（赤）に書きましょう。（1枚に1つ，マーカーで）

③ グループ内で，各自が思う「魅力」と「課題」を発表しながら，模造紙に貼りつけていきましょう。

④ 似たような意見，関連する意見は近くにまとめ，「環境」，「交通」，「治安」といったタイトルをつけて囲みましょう。途中で，新たな「魅力」・「課題」が思い浮かんだら，ふせんを加えてもかまいません。

では，自分たちが考える「高島平の魅力と課題」をグループごとに発表してみましょう。

魅力としては，①赤塚公園のような大きな公園があり，緑が多いところ，②コンパクトな範囲に，学校や図書館，区民プールなどの公共施設があるところ，③高齢者が多いので，のんびりした雰囲気だというところ，などがあげられます。課題は，①街灯が少ないので夜は怖いところ，②若者向けの施設がないので，活気がないところ，③都営三田線の端に位置するので，アクセスが悪いところ，などです。

今日は，みなさんのような若者の視点から，高島平の魅力と課題について整理してみました。では，実際にこの地域に住んでいる人たち，特に高齢者や子育て世代はどのように考えているのでしょうか？　次回は，高島平の町に飛び出し，インタビュー調査をしてみましょう。

〈第２時・第３時〉

※２時間連続授業であることが望ましい。

今日の授業はフィールドワークです。まずプリントを見てください。

みんなが慣れ親しんだ高島平の町。この身近な町にも，いたるところに「政治」があります。今日はみんなで教室の外に飛び出し，様々な「政治」を発見しましょう!!

■ミッション1：高島平の魅力と課題を見つけよう!!

高島平の町のよいところはどんなところでしょうか？　反対に，課題（不便なところ，危険なところ，汚いところなど）はどんなところですか？　町を歩きながら，評価できる点・改善すべき点を見つけ，スマホで写真に収めましょう。また，気づいたことを，メモしておきましょう。

■ミッション2：道行く人にインタビューしてみよう!!

高島平で実際に生活している人たちは，この町をどう思っているのでしょうか？　生活者のリアルな声をインタビューしてみましょう。

〈流れ〉

① インタビューする相手を見つける：できるだけ幅広い年齢層から話を聞くこと。4～5名のグループでまとまって行動し，インタビューをする際は，1人または2人で行い，できるだけ多くの人の話を聞く。

② あいさつ：「すみません。私たちは高島高校の3年生です。政治・経済の授業で高島平について調べているのですが，3分間だけお時間をいただいてもよろしいでしょうか？」

③ インタビュー：高島平の魅力と課題を聞き，インタビューシートに記入する。インタビュー中は，仲間同士でふざけたり，おしゃべりしたりせず，しっかり話を聞くこと。

④ お礼：しっかりとお礼を言う。さわやかな笑顔を心がけよう。

わぁ，楽しそう。

上手くインタビューできるかなぁ。

みんなで協力して，たくさんの人にインタビューしてきてくださいね。

みなさん，お疲れ様でした。インタビューは上手くできましたか？

僕は20人にインタビューをしました。コミュニケーション力がついた気がします。

私はたったの5人。声をかけたのに断られてしまうと，結構落ち込みますね。

いずれにしても，いい経験になりましたね。では次回は，自分たちの目と足で集めた情報を基に，もう一度高島平の魅力と課題を分析してみましょう。きっと，最初に考えたのとは別の意見が出てくるはずですよ。

〈第４時・第５時〉

今日は，フィールドワークで新たに発見した高島平の魅力と課題を整理し，「高島平魅力化プラン」を考えてみましょう。実際に町を歩いてみたりインタビューをしてみたりすると，どんなことに気づきましたか？

案外，ゴミが多かったです。特に緑道にポイ捨てする人が多いみたいです。インタビューした人も，「最近は外国人が増えていて，ゴミをポイ捨てしてしまう人がいる」と言っていました。

私がインタビューして印象的だったのは，散歩中の高齢者の方が「生活はとても便利。歩いて行ける範囲で，生活に必要なものは何でもそろう」と言っていたことです。

こちらのグループでは，子どもを連れたお母さんが「公園や図書館，児童館がそろっていて子育てしやすい」と話していました。

なるほど。高校生のみなさんからしてみると，あまり魅力を感じないのかもしれませんが，高齢者やファミリー世代にとっては結構暮らしやすい町なのかもしれませんね。では，高島平の魅力を伸ばし，課題を克服するには，どうすればいいのか，グループで話し合ってみましょう。

では，グループで考えた「高島平魅力化プラン」を，代表者が説明してください。

まず，私たちが注目したのは，若者向けの施設が少ないという点です。娯楽施設が少ないのももちろんですが，働いている若い人にとっても，あまり魅力的とは言えないと思いました。そこで，廃校になった学校や老朽化した団地をリノベーションして，オシャレなコワーキングスペースにすることを提案します。名づけて「リノベ・高島平」です。こうしたスペースが増えれば，フリーランスで働いている人たちが集まり，新しいアイディアも生まれやすくなると思います。その結果，高島平の町ににぎわいを取り戻すことができるはずです。

なるほど。新たな施設を建てるのではなくて，すでにあるものを再利用することで魅力を高めようということですね。では，次のグループお願いします。

僕たちのグループでは，単身の高齢者が増えているという点に注目しました。実際に高齢者の方にインタビューしてみると，自分の身に何かあった時に助けてもらえるか不安だという声がありました。そこで提案するのが，「団地パトロール隊」です。具体的には行政とNPOが協力して，高齢者のお宅を定期的に訪問します。そうすることで，高齢者の孤独死などの問題を防ぐことができます。

確かに，一人暮らしの高齢者が安心して暮らせるようにすることは大切ですね。行政だけでは予算や人員の問題があるので，NPOやサークル活動，コミュニティカフェや老人クラブなどと連携しながら進めることが求められますね。では次，お願いします。

私たちは，外国人との共生について考えました。外国人が増えることで活気が出るという意見がある一方で，ゴミのポイ捨てなどマナーに問題があることが分かりました。実際に町を歩いてみると，外国語の標識がほとんどありませんでした。そこで提案したいのが「外国人のマナー向上大作戦」です。具体的には，マナーの向上を呼びかける外国語の看板を増やしたり，外国語でゴミ箱の場所を知らせる案内を作ったりするといいと思います。そうすることで，外国人も地域社会に受け入れられやすくなるはずです。

ありがとうございました。どのグループも，フィールドワークを踏まえて，具体的な提案をしてくれましたね。ただ，みなさんが提案してくれたことを実現するには，予算が必要になってきます。それをどのように確保するのかを考えるためには，区政で何にどれくらいの予算が使われているのかを知る必要があります。そして，限られた予算で優先的にすべきことは何なのかを考えていかなければなりませんね。そういったことを考えるのが，まさに政治なんですね。

※発表に際しては，区議会議員や区役所職員と連携するとよい。実際に，本授業では板橋区議会議員と板橋区役所職員の方々にお越しいただき，生徒たちのプレゼンテーションに対してコメントをもらった。外部の方からコメントをもらうことで，学習効果が一層高まっている。また，模擬請願の形をとることも有効である。

本日の名言

地方自治の制度が自由に対して持つ意味は，小学校が学問に対して持つ意味と同じである。この制度によって，自由は人々の手に届くところに置かれる。それによって人々は自由の平穏な行使の味を知り，自由の利用に慣れるのである。地方自治の制度がなくても，人々は自由な政府を持つことはできる。しかし，自由の精神は持てない。

アレクシ・ド・トクヴィル（1805–1859）

〈配付資料〉

2015年（平成27年）12月15日　高島平新聞　第546号　（6）

どうなる 高島平団地の姿
年齢層構成に歪み

本紙（高島平新聞）が今年10月に行なった住民基本台帳による高島平団地の人口全調査では、11月号で報じた通り、65歳以上の高齢者が50・2％とついに半数を超える結果となった（左表参照）。

本紙は高島平団地の入居が始まった昭和47年から毎年ではないが高島平の人口を調査している。昭和51年には高島平出張所（現在の地域センター）管内の人口は5万4213人、60歳以上は1698人の3・1％、平均年齢は25・23歳という記録が残っている。

このとき高島平2、3丁目の人口は3万7740人で当時は団地周辺には住居も少なかったことからこの数字がほぼ高島平団地の人口であったと考えられる。人口ピークは平成4年7月で、高島平地域全体の人口は約6万6000人だった。

この年を境に人口は減少。少子化、高齢化が加速していくが、本紙が初めて高島平団地の全戸調査をしたのは9年前の平成18年7月。この年以降も着実に人口減、少子化、高齢化は進んでいる。

将来を推察するために平成18年を基準に平成22年、今年の平成27年の推移をグラフにしてみた（右下グラフ参照）。なお、平成24年に改正された住民基本台帳法によりこの年以降は外国人も台帳に記載されているが、グラフにはそれ以前と比較するため日本人だけを抽出している。

まず平成18年には1万8494人、平成22年には1万6639人、平成27年には1万5045人と9年間で3449人減少している。ところが年代別に見てみると様子は全く違い、65歳以上は平成18年に5233人から増え続け、平成27年には7555人と2322人増加している。団地人口が減るなか高齢者人口が増えるため、65歳以上の比率は9年間で28・3％から50・2％まで一気に高まった。

少子化ももちろん進んでいるが、64歳以下も平成18年の1万3261人から平成27年には7490人と、5771人も減少。9年間で43・5％も減少しているというのは驚きだ。

高島平地域全体でみるとどうか。平成18年の高島平地域センター管内の人口は5万6956人（この時の団地の外国人数は不明）。平成27年は5万6436人と9年間で520人しか減少していない。

一方、高島平団地以外の人口は平成18年の3万8462人から平成27年には4万504人と2042人増え、高島平6丁目を除いた全丁目で人口が増加している。65歳以上の比率は30・2％だ。このことから高島平団地だけが突出して人口が減っていることが分かる。

高島平団地は今後どうなるのか。人口減・少子化・高齢化はある程度進むであろうが単純にこれまで通り進むとも考えにくい。平均寿命などを考慮すると5年から10年で転換期がくるであろう。高齢者が住みやすい町は良いことだが、災害などの緊急時や自治会活動などには若い力が必要となる。

バランスよく多世代が住む団地が望ましいが、UR都市機構は今後の高島平団地の在り方を含め、早急にその施策を考える時期に来ているだろう。

高島平団地（2、3丁目）の年代別人口推移（日本人のみ）

高島平団地の町丁別人口と年代別分布

高島平団地：平成27年（2015年）10月1日～6日調査
その他の丁目：平成27年（2015年）9月30日現在
単位：人

町丁別	0～14歳		15～54歳		55～64歳		65歳以上		合計
高島平1丁目	1,025	12.8%	4,924	61.4%	805	10.0%	1,272	15.8%	8,026
高島平2丁目	829	6.2%	5,089	37.8%	1,778	13.2%	5,783	42.9%	13,479
（内数）1～25	418	17.2%	1,413	58.0%	240	9.9%	365	15.0%	2,436
（内数）26～33団地	411	3.7%	3,676	33.3%	1,538	13.9%	5,418	49.1%	11,043
（団地内）（日本人）	311	3.0%	3,022	29.5%	1,508	14.7%	5,402	52.7%	10,243
（団地内）（外国人）	100	12.5%	654	81.8%	30	3.8%	16	2.0%	800
高島平3丁目	487	8.3%	2,307	39.5%	742	12.7%	2,308	39.5%	5,844
（内数）1～9	138	14.5%	573	60.0%	90	9.4%	154	16.1%	955
（内数）10～13団地	349	7.1%	1,734	35.5%	652	13.3%	2,154	44.1%	4,889
（団地内）（日本人）	333	6.9%	1,670	34.8%	646	13.5%	2,153	44.8%	4,802
（団地内）（外国人）	16	18.4%	64	73.6%	6	6.9%	1	1.1%	87
高島平団地小計	760	4.8%	5,410	34.0%	2,190	13.7%	7,572	47.5%	15,932
（団地内）（日本人）	644	4.3%	4,692	31.2%	2,154	14.3%	7,555	50.2%	15,045
（団地内）（外国人）	116	13.1%	718	80.9%	36	4.1%	17	1.9%	887
高島平4丁目	257	13.2%	1,025	52.7%	218	11.2%	446	22.9%	1,946
高島平5丁目	340	10.8%	1,569	49.7%	399	12.6%	850	26.9%	3,158
高島平6丁目	0	0.0%	47	85.5%	6	10.9%	2	3.6%	55
高島平7丁目	575	11.7%	2,796	57.1%	527	10.8%	997	20.4%	4,895
高島平8丁目	450	12.1%	2,388	64.0%	395	10.6%	496	13.3%	3,729
高島平9丁目	955	11.9%	3,801	47.3%	816	10.2%	2,459	30.6%	8,031
高島平小計	**4,918**	**10.0%**	**23,946**	**48.7%**	**5,686**	**11.6%**	**14,613**	**29.7%**	**49,163**
新河岸1丁目	424	16.4%	1,277	49.3%	238	9.2%	649	25.1%	2,588
新河岸2丁目	260	9.0%	980	34.0%	276	9.6%	1,367	47.4%	2,883
新河岸3丁目	76	9.3%	433	53.1%	113	13.8%	194	23.8%	816
新河岸小計	**760**	**12.1%**	**2,690**	**42.8%**	**627**	**10.0%**	**2,210**	**35.2%**	**6,287**
三園2丁目	120	12.2%	545	55.3%	119	12.1%	202	20.5%	986
高島平地域計	**5,798**	**10.3%**	**27,181**	**48.2%**	**6,432**	**11.4%**	**17,025**	**30.2%**	**56,436**

小数点2位以下四捨五入

便利な深夜バスと終夜運転

仕事や付き合いで帰宅が遅くなる時に便利な終電後の深夜バス・深夜急行バスを、国際興業バスは運行している。

高島平方面へは深夜急行バス（ミッドナイトアロー高島平・中浦和）と深夜バス〔赤73〕西高島平駅ゆきの2路線がある。到着時刻は目安。

深夜急行バスは、池袋駅西口（6番のりば）午前1時20分発。西台駅（1時47分着・800円）、高島平駅（1時51分着・900円）、新高島平駅、西高島平駅（1時57分着・900円）。

深夜バス〔赤73〕西高島平駅ゆきは、赤羽駅西口（2番のりば）午前1時10分発。西台駅（1時29分着）から地下鉄検車場や新河岸都営住宅入口などを回り高島第一中学校、高島平駅（1時37分着）、高島平警察署、赤塚公園、高島高校、高島平四丁目、高島第三小裏、西高島平駅（1時50分着）。運賃は均一で現金440円、ICカード432円。

バスは39座席で定員は約70人。乗車は先着順で満員になると乗車できない。平日深夜のみの運行（バスは月から木曜日が1台、金曜日は2台）。土・日曜日・祝日・盆・年末年始（12月30日から1月3日）は運休。

一方、都営三田線は大晦日に全線、元旦の始発まで終夜運転を行う（左表参照）。時刻表は後日、駅構内に掲示するほか、希望者には配付する。

また年末年始（12月30日から1月3日）は土・日曜日のダイヤで運行する。

高島平駅 終夜運転時刻表（27.12.31）

時	1・2番線 目黒・東急線方面							
20	01	09	17	25	33●	41	48	56
21	04●	11	19	26●	33	41	47	55
22	03	11	20	29	39	49	58	
23	10	24	38	51				
24	20	54						
1	09	24	56					
2	26	56						
3	26	56						
4	28							
5	00	以降、通常の休日ダイヤと同じです						

日 日吉行　白 白金高輪行　目 目黒行　三 三田行　奥 奥沢行　武 武蔵小杉行　● 急行

時	3・4番線 西高島平方面								
20	03	10	16	23	29	36	43	51	58
21	06	12	19	26	34	42	51	59	
22	06	13	20	28	35	43	51	58	
23	05	12	19	27	36	45	52	59	
24	08	16	23	30	37	49			
1	13	44							
2	09	43							
3	09	39							
4	09	39							
5	11	以降、通常の休日ダイヤと同じです							

全て西高島平行

（2015年12月15日「高島平新聞」）

藤井からのコメント

7時間目　地域社会を「魅力化」するには？

新学習指導要領の「総合的な探究の時間」や，新科目「公共」の大項目Cの探究学習などが始まると，大畑先生が今回提案された「地域課題解決型学習」は増えると予想される[1)]。その意味で，先駆的な取り組みの授業である。また，「学校」から「地域」へと視点や活動範囲を広げた実践でもある。

授業そのもののヒントは，宇野先生の「地域の課題解決という授業も必要である」とのアドバイスから考えられたものだろう。

いくつかコメントをしたい。

第1に，「授業の位置づけ」である。「公共」の大項目Cアには「地域の創造，よりよい国家・社会の構築及び平和で安定した国際社会の形成へ主体的に参画し，共に生きる社会を築くという観点から課題を見いだし，その課題の解決に向けて事実を基に協働して考察，構想し，妥当性や効果，実現可能性などを指標にして，論拠を基に自分の考えを説明，論述すること」との記述があり（「解説」74頁），本実践の「高島平の『魅力』と『課題』」を知る，「インタビューする」「解決策を考える」「発表する」という授業の流れは，まさしく新学習指導要領が目指す「課題解決型学習」と言えるだろう。ただし，「高島平の『魅力』と『課題』について」とテーマを狭めている点で，大項目Bの「政治参加と公正な世論の形成，地方自治」とも考えることができる。いずれにせよ，先駆的な取り組みであることには間違いはない。

第2に，様々な活動を行っている点である。「主題を追究したり解決したりする活動においては，多面的・多角的な考察を深めるという観点から，主題の内容に応じ，現実社会の事柄や課題に関わる諸資料として，例えば，各種の統計，年鑑，白書，新聞，読み物等の豊富な資料を教材として積極的に活用することが求められ，これらの資料から考察・構想に必要となる情報を生徒自身が適切に収集し，読み取り解釈したり，議論などを行って考えを深めたりするなどの活動」が求められているが（「解説」54頁），本実践ではこのような「資料」以外に「インタビュー」を行い，考察には「ブレインストーミング」「KJ法」が取り入れられ，高校で身につけておいてほしい技能の修得が目指されている。ただし，初めに大畑先生が示した高島平の資料以外，つまり生徒たちが考察の際に引用した「外国人の増加」「ポイ捨て」「外国語の標識がない」などは，自分たちで資料を集めプレゼンなどで，提示できるようにしておくことが望ましかっただろう。

第3に，第2時のプリントの最初に，「謎かけ」のように「みんなが慣れ親しんだ高島平の町。この身近な町にも，いたるところに『政治』があります。今日はみんなで教室の外に飛び出し，様々な『政治』を発見しましょう!!」と「政治」を問い，その答えが第5時の最後に「限られた予算で優先的にすべきことは何なのかを考えていかなければなりませんね。そういったことを考えるのが，まさに政治なんですね」と答えが示されているが，このサラリとした回答の提示で，生徒たちは「政治」を理解するのかという疑問である。もう一歩踏み込んだ説明や理解が必要なのではないか。この点は，「課題の探究に当たっては，法，政治及び経済などの個々の制度にとどまらず，各領域を横断して総合的に探究できるよう指導すること」との記述に注意する必要がある（「解説」75頁）。宇野先生や大芝先生のインタビューにあるように「政治」は多面的に考察させるべきだろう。「政治」の多面性や広がりを示してほしかった。

第4に，第3章の「ドイツの政治教育」でも触れることだが，どこまで「自分ごと」として提案を捉えさせるかである。つまり，「リノベ・高島平」「団地パトロール隊」「外国人のマナー向上大作戦[2)]」という提案は素晴らしいが，「いつ」「誰が」「どこで」「どのように」「どのような予算を使って」活動を行うのだろうか。特に主権者教育として授業を行っている以上，高校生がどのように「参画」するのかを考えさせるべきだろう。その意味で，「持続可能な地域，国家・社会及び国際社会づくりに向けた役割を担う，公共の精神をもった自立した主体となる」ような意識や態度を養いたい（「解説」74頁）。

最後に，「発表に際しては，区議会議員や区役所職員と連携するとよい」との注記があるが，大畑先生の授業を参観した際，区議会議員や区役所の職員にプレゼンテーションを行っていた。このような授業を実践する際は，ぜひ外部との連携を図ってほしい。また，連携の方法や注意点を示してもらえると，多くの先生方にとって参考になったと思う。

1）地域課題解決型学習の例として，拙稿「青森県高校生模擬議会のためのグループワーク」（Voters45号　明推協）参照。

2）「外国人との共生」というテーマでは，群馬県の大泉町などでの取り組みも参考にしたい。https://www2.nhk.or.jp/archives/michi/cgi/detail.cgi?dasID=D0004430239_00000（2020年7月現在）

8時間目　投票率を上げるには？

今日は選挙について学びましょう。みなさんは満18歳になったら投票に行こうと思いますか？

うーん，面倒くさいから行かないかもしれません。

私は必ず行くと思います。

そうですか。ではまず，日本の選挙の投票率を見てみましょう。こちらのグラフは戦後の衆議院議員総選挙における投票率の推移を示したものです。グラフからどのようなことが読み取れますか？

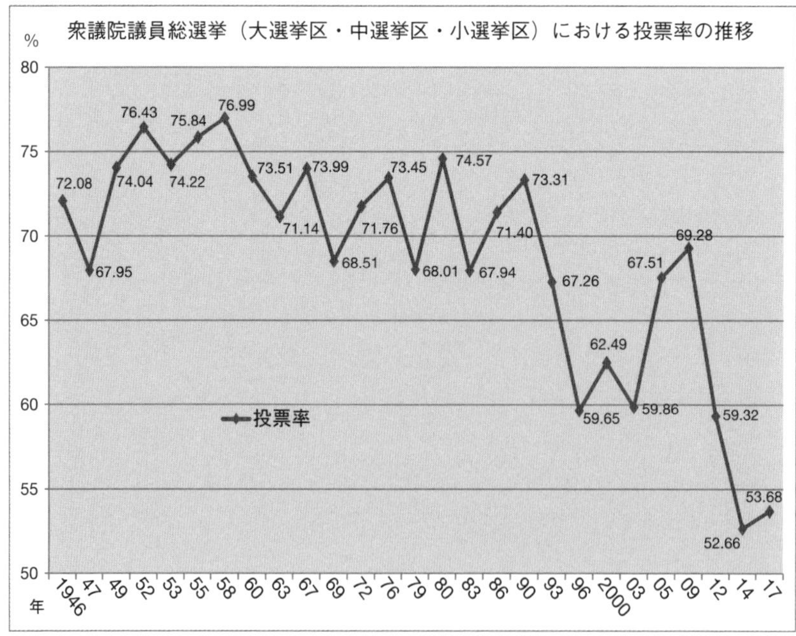

総務省『国政選挙における投票率の推移』より作成

以前は70%台の投票率が多かったけれども，1990年代以降は70%を下回るようになり，最近は60%にも届かないことがあります。

そうですね。参議院選挙の方では，50%を下回ることもあります。

そっかぁ。だとすると，有権者の半数程度の声しか政治に届けられていないことになってしまいますね。

そういうことです。では次に，年代別の投票率の推移を見てみましょう。こちらのグラフからは，どのようなことが分かりますか？

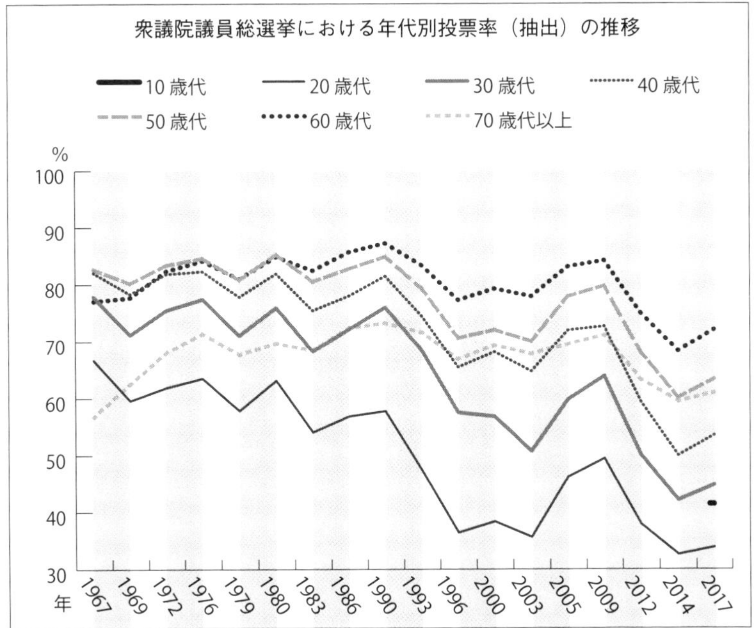

総務省『国政選挙の年代別投票率の推移』より作成

全体の傾向としては，年代が上がるほど投票率も上がっています。ただ，70歳代以上の人の投票率は，50歳代や60歳代に比べると低いです。

はい。70歳代以上の高齢者は，投票所に行くのが大変な人もいるでしょうから，50歳代や60歳代に比べると低くなるのでしょう。

確かに，投票所が遠かったりすると，高齢者にとっては行くのも大変ですね。あと，グラフを見ると，2017年の選挙では10歳代が投票できるようになっていて，20歳代よりも高い投票率だったことが分かります。

はい。2016年の参院選から18歳選挙権が導入され，これまでに3度の国政選挙がありましたが，学校での主権者教育の効果もあってか，20歳代より10歳代の方が高い傾向が続いています。ただし，決して高い水準とは言えませんね。参院選の10歳代の投票率を確認してみると，2016年は46.7%でしたが，2019年には32.2%になっています。

そっかぁ。18歳選挙権のブームが終わってしまったのかもしれませんね。

そういう見方もできそうです。いずれにしても，今，日本の選挙では，投票率の全体的な低下傾向が見られ，特に若者の投票率低下が顕著になっています。このことがどのようなことをもたらすと思いますか？　投票される側である候補者・政党の立場から考えてみましょう。

やっぱり，候補者や政党は票を獲得することが目的なわけだから，投票に来てくれる人たちに向けて，政策を訴えることになると思います。

その通りです。そこで投票率の現状を考えれば，当然，高齢者向けの政策の方が若者向けの政策よりも優先順位が高くなりますよね。そして実際に候補者が当選したり，政党が議席を増やしたりすれば，高齢者向けの政策が実行され，年金・医療・介護といった分野に予算が手厚く配分されていくわけです。このように，高齢者の影響力が強まっている状況は「シルバー・デモクラシー」と呼ばれています。

なるほど。逆に，若者は投票に行かないから，教育や子育て支援といった政策の優先順位は低くなってしまうわけですね。

そういうことです。今，日本では少子高齢化が進んでいて，ただでさえ若者の人口は少ないのに，その上投票率も低ければ，ますます若者向けの政策は手薄になってしまいます。さらに悪いことに，高齢者向けの政策の財源をどうやって確保するかと言えば，国債を発行して借金に頼ることになるわけです。それは結局，投票に行かない若者や，まだ投票権を持っていない子どもたちに，借金の返済という負担を先送りすることを意味しているのです。

そっかぁ。そういったことを考えると，やっぱり投票に行って若者の声を政治に届けるのは大切なことなのですね。

はい。とはいえ，投票率を上げるのは，そう簡単なことではありません。ここで，そもそも，なぜ投票を棄権する人が増えているのかを考えてみましょう。次のグラフは，「国の政策に国民の考えや意見がどの程度反映されていると思うか」という質問に対する回答の推移です。どのようなことが読み取れますか？

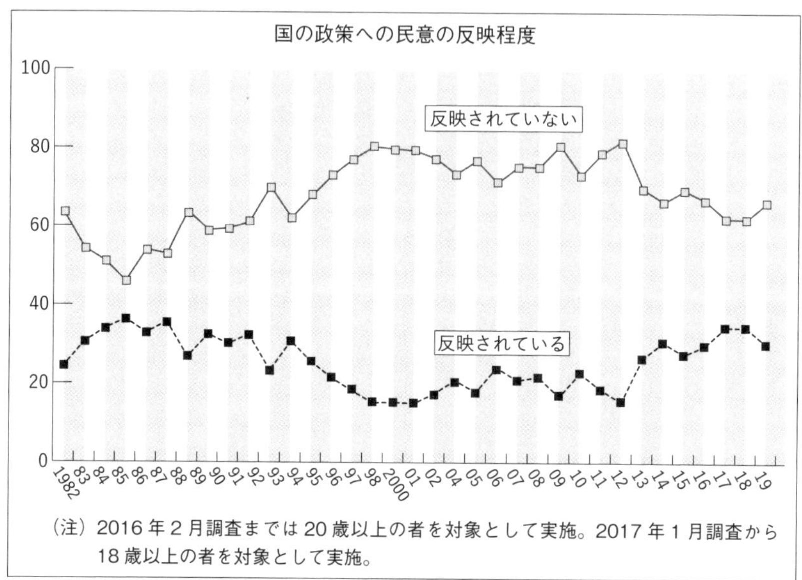

（注）2016 年 2 月調査までは 20 歳以上の者を対象として実施。2017 年 1 月調査から 18 歳以上の者を対象として実施。

内閣府「平成 30 年度　社会意識に関する世論調査」より作成

「反映されていない」と答えた人の割合が，1980年代は5割から6割くらいでしたが，1990年代以降は7割から8割くらいに増えていますね。

そうですね。さっき確認した投票率の方は，1990 年代以降に低下傾向が見られました。つまり，投票率が低下する背景には，国民の意見が政治に反映されていないことへの不満や，それに伴う無力感や無関心の広がりがあると考えられます。このことは，代表民主制への信頼感が低下していることを示していると言えます。

代表民主制って何ですか？

民主主義による政治は，主権者である国民が政治に参加する方法によって，直接民主制と代表民主制（間接民主制）に分けることができます。例えば，ある法律を決める際に，国民が直接投票して決めるのが直接民主制です。でも，現代のような巨大な国家においては，直接民主制で物事を決めていくのは難しいですよね。

だから，議員を選挙で選んで，議員（代表者）に政治を行ってもらうわけですね。それが代表民主制ということですか？

はい。ところが，代表者による政治が私たちの意見をちゃんと反映しているのかというと，どうもそうではなさそうだと考えている人が増えているわけです。それがさっきのような世論調査の結果として表れているのでしょう。では，代表民主制が民意とかけ離れてしまうのはなぜなのか？ここで，次の表を見てください。

	憲法改正	消費増税	原発再稼働	選挙
有識者①	賛成	賛成	反対	（　　）党
有識者②	賛成	反対	賛成	（　　）党
有識者③	反対	賛成	賛成	（　　）党
有識者④	反対	反対	反対	（　　）党
有識者⑤	反対	反対	反対	（　　）党
国民投票	（　　）	（　　）	（　　）	

今，「憲法改正」「消費増税」「原発再稼働」の3つを争点として選挙が行われ，いずれの政策にも賛成の立場の「賛成党」と，いずれの政策にも反対の立場の「反対党」という政党があったとしましょう。有権者①～⑤は，その2つの政党から，自分の意見により近い政党を選ぶものとします。そうすると，各有権者は，どちらの政党に投票することになりますか？

自分の意見に完全に一致する政党はないけれども，より意見に近い政党に投票するわけですよね。だとすると，有権者①②③は「賛成党」に投票し，有権者④⑤は「反対党」に投票します。

そうですね。では今度は，「憲法改正」「消費増税」「原発再稼働」の3つの争点について，それぞれ別々に国民投票を行ったらどうなるでしょうか？

えーと，どの国民投票でも，反対派が勝利します。……あれ？　さっきの選挙とは違う結果になっていますね。

そうなんです。選挙では，複数の政策を1つのパッケージとして選択することになるため，国民投票で個別に選択するのとは違う結果になってしまうことがあるわけです。民意と政治が離れてしまう背景には，こうしたパラドクスがあるとも言えます。

なるほど。じゃあ，民意をちゃんと反映させるために，国民投票を実施する方がいいのではないですか？

今の日本では，憲法改正の国民投票以外では，国民投票の仕組みは導入されていません。ただ，地方政治では住民投票を行うところが増えていますよ。

大阪都構想をめぐる住民投票のニュースを見たことがあります。外国だと，イギリスは国民投票でEU離脱を決めたのでしたよね。

はい。海外では，イギリスをはじめ，国民投票で物事を決める例も多いです。ただし，こういった直接民主制は問題点もありますよ。さっきも話したように，現代国家のような大規模な政治の場では，国民の実質的な話し合いが困難です。にもかかわらず直接民主制で物事を決めようとすると，国民の分断を招きかねないのです。イギリスもEU離脱派と残留派で国論が真っ二つになりましたよね。

確かにそうですね。

また，熟議を経ない単純な多数決で政策を決めていくと，少数者の意見が軽視されてしまう恐れもあります。実際に，スイスでは2009年に，イスラム教礼拝堂の尖塔（ミナレット）の建設を禁止することの是非を問う国民投票が行われ，有権者の57.5%がミナレット建設の禁止を支持しました。この決定を受けて，イスラム教の国々からは「宗教の自由に対する冒瀆だ」との声が上がりました。

なるほど。何でも直接民主制で決めようとするのは，やっぱり問題があるのですね。

はい。代表民主制によって国民の意見をしっかりと政治に反映させるために，まずは国民が投票に行くことが求められるわけです。では，どうすれば投票に行く人が増えるのか？　その方法を考える手がかりとして，まず投票に行かない理由の方から考えてみましょう。グループになって話し合ってみてください。

やっぱり候補者や政党の違いが分かりにくいからじゃない？

確かにそうだよね。

あと，そもそも自分の1票で選挙結果が変わるわけじゃないし。だったら，わざわざ投票に行くのは面倒だよ。

うん。他に用事があったら，投票に行こうとは思わないね。

それに，棄権するのも政治に対する意思表示なんじゃないかなぁ。

いろんな意見が出ているようですね。ここで，有権者が投票に行くか行かないかを，どのように意思決定しているのかを示す式を紹介しましょう。

$$R = P \times B - C + D$$

まず「R（Reward）」は，投票することによって有権者が得られる利益（効用）を表します。これがゼロより大きければ投票に行き，小さければ棄権するというわけです。次に「P（Probability）」は，自分の1票が選挙結果を左右する主観的な可能性です。

確かに，自分の1票で選挙結果が変わるとしたら投票に行くと思います。

続いて「B（Benefit）」ですが，これは，自分が支持する候補者が当選した場合に得られる利益と，支持しない候補者が当選した場合に得られる利益の差を表しています。この差が大きいと感じる人ほど，投票に行くわけです。

裏を返せば，どの候補者が当選しても，どの政党が政権をとったとしても，自分が受けるメリットに違いはない，と考える人は投票に行かないわけですね。

はい。次の「C（Cost）」は，投票参加にかかるコストです。例えば，投票所まで距離がある，坂道がある，雨が降っている，別の用事がある，投票先を決める情報収集に時間がかかる，といった負担のことです。

その部分って大きいですよね。棄権する人は，わざわざ時間と労力を費やしてまで投票に行こうとしないのだと思います。

最後の「D（Duty）」は，投票することに対する義務感や，投票することによって得られる心理的な満足感を指します。

なるほど。分かりやすい式ですね。つまり，P・B・Dを増やして，Cを減らすことができれば，投票に行く人が増えるわけですよね。

その通りです。では，その4つの変数に着目しながら，投票率を上げるための方策について話し合ってみましょう。

では，どんな意見が出たか，紹介してください。

まず大切なのは，現実の政治を学ぶ教育が必要だと思います。私も学校で模擬選挙を経験して，自分の1票の重みを感じることができたし，政治のニュースを見たり，家族と話したりする機会が増えました。それによって，PやDにプラスの影響があると思います。

なるほど。確かに，実際の選挙では自分の1票の影響力なんてわずかなものです。ですが，自分が政治に影響を及ぼしているという感覚は，政治についての知識や経験によっても変わってくるものです。ですから，そのような教育を充実させることは大切ですね。

私たちのグループでは，Bを上げるには，マスメディアやインターネット上の情報が重要だという話をしました。どの政党がどのような政策を掲げていて，他の政党とどのように違うのかが分かれば，選択がしやすくなります。特に若者はSNSを使う人が多いので，候補者や政党はもっと発信してほしいと思いました。そうすれば，自分たちにどんな利益があるのかが，分かるようになると思います。それに，情報が得やすくなることは，Cを下げることにもなります。

そうですね。インターネットを使って投票できるようにしてほしいという意見も出ていましたね。

はい。もちろん，投票についての個人情報がどこかに漏れたり，なりすましや買収が起きたりしないようにすることが前提です。その上で，スマホやパソコンから投票できるようになれば，若者に限らず多くの人にとってメリットが大きいと思います。

僕たちのグループでは，Cを下げるための方策として，大学や高校にも期日前投票所を設けるとか，巡回バスによる移動投票所があると便利といった意見が出ました。

実際にそのような取り組みをしている自治体もあります。それが増えていけば，投票率の向上につながりそうですね。Dについてはどうですか？

こっちのグループでは，Dを高めるなら「投票の義務化」を導入したらどうかという意見が出ました。棄権をしたら罰金を科すことなどをすれば，おのずと投票率は上がると思います。

なるほど。実際，オーストラリアやベルギーなどでは義務投票制度を導入していて，投票率は約90%です。

でも，義務にしたら一人ひとりの権利を大切にするという民主主義の前提がおかしくなってしまうのではないかという意見も出ました。

そうですね。日本国憲法でも，選挙権は基本的人権のひとつとして明記されています。ですから，強制的な投票制度の導入には慎重であるべきという意見もあります。

投票を義務化していなくても，投票率が高い国はあるんですか？

はい。例えば，デンマークやスウェーデンでは投票率が80%を超えています。しかも，若者の投票率も他の年代と同様に高いのです。

へぇ。日本と何が違うんでしょうか？

これらの国の人になぜ投票に行くのかを聞くと，口をそろえて「民主主義を守るため」と答えるそうです。また，学校では各政党の違いについてじっくりと学んだり，自分たちの意見を話し合ったりする時間がとても多いそうです。

なるほど。やっぱり教育が大切なんですね。

それは学校だけではなく，社会全体で取り組んでいることです。北欧諸国では，選挙前になると町のいたるところに各政党が「選挙小屋」を作ります。そして市民は，年齢を問わず小屋を訪れ，候補者やスタッフと気軽に政治談議を交わすのです。

そっかぁ。日本も，もっともっと日常的に政治について考えたり，話し合ったりするようになるといいですね。

はい。それは，今日からでもできるはずです。家に帰ったら，まずは家族と政治や選挙について話してみてはいかがでしょうか？

本日の名言

民主主義は最悪の政治だと言える。ただし，これまでに試みられてきた，民主主義以外の全ての政治体制を除けばだが。

ウィンストン・チャーチル（1874–1965）

藤井からのコメント

8時間目　投票率を上げるには？

「シルバー・デモクラシー」にも触れながら，「ライカー・オードシュックモデル[1)]」を使って投票率を上げるための考察を行う，大変分かりやすい授業である。

授業そのものは，佐々木先生の「政治的関心を高めるためには選挙権の行使について考えることが大切」，特に「自分が投票した理由を考える機会を持つことが大切」とのアドバイスから生まれたものだと考えられる。また，佐々木先生は「根拠ある希望」「虚しくない希望」の大切さを説いていたので，生徒たちが主権者という立場の大切さに気づくような展開になっている。

いくつかコメントを行いたい。

第1に，「公共」の大項目B中項目（2）「主として政治に関わる事項」内容の取り扱い（3）カには「地方自治や我が国の民主政治の発展に寄与しようとする自覚や住民としての自治意識の涵養に向けて，民主政治の推進における選挙の意義について指導すること」と示されており（「解説」60頁），選挙への関心などを高めるころが必要である。

第2に，「ライカー・オードシュックモデル」を使った点である。長く教壇に立っていて感じることのひとつに，現代の若者は感覚的な（あるいは直感的な）判断が多くなってきたことがある。その意味で，「ライカー・オードシュックモデル」を使って，「理詰め」で投票率を上げる方策を考えさせることは，大変有意義だと思う。ただし，注にあげたようにこのモデルには限界も指摘されていることに注意が必要だろう。

第3に，特に政党を選ぶ際は，「政策がパッケージ」になっているので，多数党と民意が乖離することがあることを示した点である。先に扱った「民主主義（多数決）は正しいのか？」で，生徒たちに「単純多数決」

への疑問を持たせたと同じように，選挙を考える際の重要な要素である。授業ではこの問題を練習問題として上手く取り入れ，理解させようとしている。

第4に，この授業は資料からの考察や，モデルの変数を動かしての考察が多くなる授業である。しかし，資料等は示しつつも，教員は解答を生徒に言わせるべきだったと考えている。例えば，「シルバー・デモクラシー」という用語は教員が提示するにせよ，「投票率の現状を考えれば，当然高齢者向けの政策の方が若者向けの政策よりも優先順位が高くなりますよね」とか，「日本では少子高齢化が進んでいて，ただでさえ若者の人口は少ないのに，その上投票率も低ければ，ますます若者向けの政策は手薄になってしまいます」「高齢者向けの政策の財源をどうやって確保するかといえば，国債を発行して借金に頼ることになるわけです。それは結局，投票に行かない若者や，まだ投票権を持っていない子どもたちに，負担を先送りすることを意味している」などは，資料を示せば答えが出てくるものだったり，中学校の既習事項を組み合わせれば答えられるものなので，生徒に答えさせるべきだった。同様に，イギリスの「EU離脱」の国民投票やスイスの「イスラム教礼拝堂の尖塔（ミナレット）の建設を禁止」の国民投票などは，資料を示したり生徒たちに調べさせるべきだったと考えている。このように，教員は資料を示し，自分で解説してしまうことが多い。しかし，新学習指導要領の目玉のひとつであるアクティブ・ラーニングを考えると，教員はなるべく発言せず，コーディネーターなどの位置にいることを心がける必要があるだろう。その意味で多くの先生方の意識改革が必要となる。

第5に，ドイツの政治教育の章でも触れるが，「学校では各政党の違いについてじっくりと学んだり，自分たちの意見を話し合ったりする時間」が必要であることに気づかせる必要があるだろう。また，最後の生徒の発言「日本も，もっともっと日常的に政治について考えたり話し合ったりするようになるといいですね」との「人任せ発言」をどのように解消するかを示してほしかった。新しい学習指導要領が「何ができるようになるのか」を重視し，新科目「公共」には「主権者」「主体的」などの単語が並んでいる以上，投票率を上げるための方策の主語が，「私」や「私たち」であるような意識づくりを考えていきたい。それが政治を「自分ごと」に感じさせる近道となる。

1）「ライカー・オードシュックモデル」を分析すると，合理的な有権者ほど選挙では棄権するという帰結が導かれる。しかし，実際の選挙では過半数の有権者が投票しているわけで，理論的な予測と現実とが乖離してしまっている。この理論と現実との乖離は投票参加のパラドックスと呼ばれ，現在でも解明されていないことにも注意が必要である。

９時間目　僕らの政党を作るなら？

今日は，みなさんに政党を作ってもらおうと思います。これからグループになって作業を進めますが，まず流れを確認しておきましょう。

政党かぁ。確か英語では「party」って言うんだったよね。なんかおもしろそう！

では，ワークシートを見てください。

① 政党名と党首を決める。
② キャッチフレーズを考える。
③ 政党のスタンスを決める。
④ 政策の具体的な内容を考える。
⑤ 党首が政策について演説する。
⑥ 最もよかった政党に投票する。

まず，①の政党名と党首を決めてください。政党名は高校生らしい，おもしろいネーミングでOKです。党首には後で演説をしてもらうので，プレゼンテーションが上手い人がなるとよいでしょう。次に，②のキャッチフレーズですが，これはその政党の主張をひと言で表すようにします。ですから，政策の具体的な内容が決まってからでかまいません。③の政党のスタンスですが，今回は次のような「外交・安全保障」と「経済政策」の２つの対立軸で考えてもらいます。

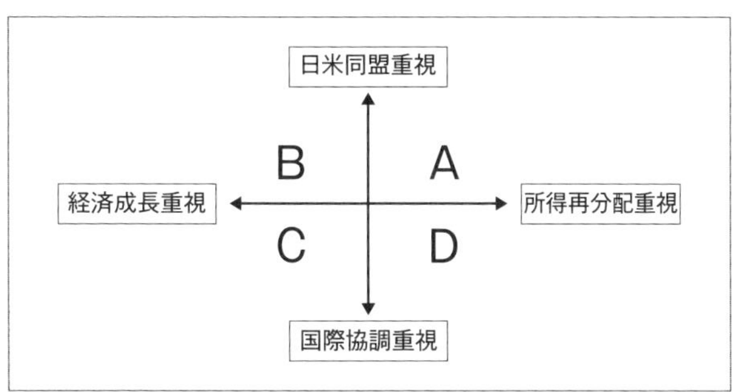

外交・安全保障の対立軸は，日米同盟を強化していく立場か，それとも国連を中心とした国際協調を重視するか，という観点ですよね。

はい。もちろん，「日米同盟」と「国際協調」はどちらも日本の外交にとって重要なことですが，そのどちらに軸足を置くかは，実際の政党でも分かれるところです。

経済政策の対立軸はどのようなものですか？

はい。まず「経済成長」を重視する立場は，活発な経済活動の障害となりうる規制の撤廃や効率化を進めることで，より多くの財やサービスを生み出すことができる状態，つまり生産性を高めることを目指します。一方の「所得再分配」を重視する立場は，税や社会保障を通じて社会の公平度を高め，全ての国民が最低限の生活を送れるような基盤を提供しようとします。

うーん，難しいですねぇ。

具体的には自分たちで調べてもらいますが，簡単に言うと，「経済成長」を重視する立場は，まず経済成長を実現し，その成果を多くの人々に分配していこうというものです。反対に「所得再分配」を重視する立場は，まず公平な所得分配を実現し，国民全体の購買力を高め，それによって日本経済の潜在能力を高めていこうとするものです。

どちらも経済の発展を目指すけれども，そのやり方とか順序が違うということですか？

そういうことです。経済をよくするというゴールに向けた路線の違いというわけですね。

なるほど。

次に，④の政策の具体的な内容についてですが，ここを考える際には，実際の政党のHPなどを参考にするとよいでしょう。内容が固まったら，4～5枚のKP（紙芝居プレゼン）シートを作成してください。そして，党首の人にはKPシートを使って演説をしてもらいます。最後に，最もよかった政党をみんなで選びましょう。では，グループになってください。

※政策の具体的内容を考える際は，スマートフォンやタブレットPCを用いて，実際の政党のHPを参照する。

そろそろ政策がまとまったようですね。では最初のグループの党首の人は，前に出てきて演説をお願いします。

はい。私たちの政党名は「トラ党」で，キャッチフレーズは「Make Japan Great Again」です。
まず，外交・安全保障政策については「日米同盟重視」の立場です。今，日本の近くでは，中国の急激な軍備増強や北朝鮮による核やミサイル開発などが進んでおり，安全保障環境が大きく変化しています。こうした脅威に対応するためには，アメリカとの同盟関係を強化する必要があります。具体的には，防衛装備を共同開発したり，日米の共同訓練を充実したりすることで，脅威のある国への抑止力を高めていきます。また，防衛費のGDP1%枠を撤廃し，アメリカ製の地上配備型ミサイル迎撃システムを配備するなど，最新鋭の装備を導入していきます。
次に，経済政策は「経済成長重視」の立場です。日本の経済力を再生するために，規制改革や減税政策によって成長戦略を進めます。具体的には，AI・IoT・ロボットなどのイノベーションによって，農業・医療・観光などの各分野で新たな成長市場を創出します。また，新たな産業を育成するために法人税を減税し，企業が活動しやすい国にします。
これらの政策によって，世界における日本の地位を再び取り戻していきます!!　以上です。

はい。ありがとうございました。では，次のグループお願いします。

僕たちの政党名は「グレ党」です。キャッチフレーズは「# Sundays For Future」です。
まず，外交・安全保障政策については，「国際協調重視」の立場です。今，世界では大国による核軍拡競争が懸念されています。しかし，日本は唯一の被爆国として，核廃絶をリードしていくべきです。そこで，2017年に国連で採択された核兵器禁止条約を早期に署名・批准します。また，集団的自衛権の限定行使を認めた安全保障関連法を廃止し，自衛隊の専守防衛を徹底します。在日米軍の基地については，新規の建設を中止するとともに，沖縄の負担を軽減していきます。

次に，経済政策については「所得再分配重視」の立場です。日本経済を再生するためには，まず経済格差を是正し，中間層を増やす必要があります。そのために，富裕層への所得税の累進性を強化します。また，大企業への法人税を強化し，中小企業・農林水産業支援へ回します。この他，大学生・専門学校生への給付型奨学金と授業料減免の拡充，保育士・介護職員の賃金引上げ，非正規労働者と正規労働者の賃金格差の解消といった政策を実現します。そうすることで，家計の消費力を回復させ，経済の活性化を図ります!!　以上です。

はい，ありがとうございました。

全ての政党の党首演説が終わりました。では，どの政党の政策がよかったかを考え，投票用紙に政党名を記入して投票しましょう。

開票の結果，○○党が最も多くの支持を得ました。○○党に入れた人は，どのような点がよかったのですか？

党首の人の話し方が分かりやすく，説得力がありました。

他にはどうですか？　全体的な感想でもかまいません。

どの政党の政策も分かりやすかったと思いますが，理想を言うだけで，現実に実行できるかどうか疑問が残りました。

そうですね。実際の政治の場では，政策を実行するための財源をどうするのか，いつまでに実行するのかといった点が非常に重要になります。ですから，実際の選挙の際に，みなさんが各政党の政策を比較する際には，期限や数値目標，予算や財源などについても目を配る必要がありますね。

本日の名言

万能の善政府は遂に見る可らず。是に於てか本来政府の性は善ならずして，注意す可きは只その悪さ加減の如何に在るの事実を，始めて発明することならん。

福沢諭吉（1835-1901）

藤井からのコメント

9時間目　僕らの政党を作るなら？

既習事項を使いながら，政策を分かりやすく理解するために，対立軸を用いて政策を考え政策論争を行う授業であり，大変優れた実践である。

授業のテーマは，飯田先生からの「3つの経済政策」についてのアドバイス，小玉先生からの「生の政治素材を扱う」とのアドバイス，さらに，佐々木先生の「今はどこの政党も同じようなことを言っているため，政策の評価が難しい」とのアドバイスを受けて作成した教材であろう。

いくつかコメントを行いたい。

第1に，「公共」の大項目B中項目（2）イ（ア）には「法，政治及び経済などの側面を関連させ，自立した主体として解決が求められる具体的な主題を設定し，合意形成や社会参画を視野に入れながら，その主題の解決に向けて事実を基に協働して考察したり構想したりしたことを，論拠をもって表現すること」とあり（「解説」60頁），法・政治・経済をトータルに扱う授業が構想されている。そのため政策を考え提案する本実践は「社会への総合的な考察や提案」を行うことに他ならず，有益な教育メソッドと言えるだろう。

この「政策論争」は，筆者が現職時代に行ったことがある[1)]。例えば，「政治・経済」で学んだ既習の知識を総動員して政策を立てるため，年間の授業の総まとめとして位置づけることができる実践である。

第2に，政策論争を幅広く行うと，前時の「投票率を上げるには？」で指摘したように政策をパッケージで提案することになり，提示も難しく煩雑になる可能性がある。そのために，政策の対立軸を「2本」にしぼり，4党の政策論争に単純化したことである。当然，授業の目的などにより，その対立軸を変えることも可能である。先生方はいろいろな対立軸を示し，ぜひ，アレンジして実践を行っていただきたい。

第3に，評価の問題である。いわゆるアクティブ・ラーニングは，評価の難しさが課題となるが，この政策論争の場合は，党首演説の後の投票で各党の評価を行うことができる。またその投票とは別に，党首演説をきいている生徒たちは，その演説内容等に対しアドバイスや5段階の点数などをアドバイス表に書き，演説後，その党にアドバイスなどをフィードバックすることができる。さらに新聞社の政治記者や政治学の専門家などを審査員として招き党首演説に対してコメントをもらって，さらに有意義な「振り返り」を行うことができる。

最後に，この政策論争の授業は有意義であるが，限界もある。例えば「トラ党」の「防衛費のGDP1%枠を撤廃し，アメリカ製の地上配備型ミサイル迎撃システムを配備するなど，最新鋭の装備を導入していきます」という政策を採用する際の「財源」問題や，「グレ党」の「富裕層への所得税の累進性を強化します。また，大企業への法人税を強化し」という政策の「累進性はどのくらい強化するのか」「景気にはどのくらいの影響があるのか」など，本来はかなり専門的な資料や説明が必要になることである。そのため筆者の実践では，結党から論争まで2～3週間の準備時間をとった。しかし，それでも足りないくらいであった。

その点については，大畑先生も十分理解しており，ライブの最後の先生の発言，「実際の政治の場では，政策を実行するための財源をどうするのか，いつまでに実行するのかといった点が非常に重要になります。ですから，実際の選挙の際に，みなさんが各政党の政策を比較する際には，期限や数値目標，予算や財源などについても目を配る必要がありますね」に示されている。現実化するための資料や説明をどの程度求めるかは，学校や授業目標などによって変わってくると考えている。

1）拙稿『高等学校公民科　とっておき授業LIVE集』（清水書院　18～27頁，2013年）参照。

10時間目 「核なき世界」を実現するには？

今日は核兵器をめぐる問題について考えてみましょう。まず，この写真を見てください。

先生

ワシントン 2020年1月23日撮影

生徒

時計ですか？ 「IT IS 100 SECONDS TO MIDNIGHT」（真夜中まで100秒）って書いてありますね。

はい。この時計は「終末時計」と呼ばれていて，人類絶滅の時間を「午前0時」として，残された時間を示しています。

えっ！ じゃあ人類滅亡の危機が迫っているということですか？

そうです。この「終末時計」はアメリカの科学雑誌『原子力科学者会報』が発表しているのですが，2020年は前年より20秒進んで「残り100秒」となり，1947年に発表が始まって以来，最も「終末」に近づいているとされました。

これまでに最も短かったのはいつなんですか？

アメリカとソ連の水爆開発が本格化した1953年から59年と，核戦力の強化を打ち出したアメリカのトランプ政権発足後の2018年と19年で，その時間は「残り２分」とされていました。それが今回，20秒進んで「残り100秒」となったのです。

どういったことが理由なんですか？

理由は主に２つあります。１つは，世界で核戦争の危険性が高まっているとされているからです。もう１つは，地球温暖化対策の遅れによって，気候変動の脅威が高まっていることがあげられています。

時計の針を止めるにはどうしたらよいのでしょうか？

そこで，今日の授業では，核兵器をめぐる世界の動きや核軍縮に向けた日本の役割について考えてみることにしましょう。

はい。世界中の誰もが平和に暮らしたいはずなのに，なぜ核兵器がなくならないのか知りたいです。

まず，核兵器をめぐる近年の世界の動きについて確認しておきましょう。トランプ大統領の前のアメリカ大統領が誰だったか，覚えていますね？

もちろんです。バラク・オバマです。

2009年にアメリカ大統領に就任したオバマさんは，その年の4月にチェコのプラハで演説を行い，「核なき世界」を目指すことを宣言しました。また，「核兵器を使ったことのある唯一の国として，行動する道義的責任がある」と述べ，目標に向けた道筋を示しました。

確か，ノーベル平和賞を受賞しましたよね。

はい。また，翌年の2010年には，戦略核弾頭の配備数を1,550発，大陸間弾道ミサイルなどの運搬手段の配備数を700基まで削減することなどを定めた新START（新戦略兵器削減条約）をロシアとの間で結びました。さらに，オバマ大統領の提唱で，核物質を利用したテロを未然に防ぐことなどを目的とする，核セキュリティ・サミットがワシントンで開催されました。

まさに「核なき世界」に向けて，いろいろなことを実施したんですね。確か，広島を訪れたっていうニュースも見た記憶があります。

そうですね。オバマさんは2016年5月に，現職のアメリカ大統領としては初めて，被爆地である広島を訪問しました。この時の演説では「核兵器のない世界を追求する勇気を持たなければならない」，「いつかヒバクシャの声が聞けなくなる日が来るだろう。しかし，記憶を薄れさせてはならない」などと述べました。

では，オバマさんの次に大統領になったトランプ大統領は，どんな核政策を行っているのですか？

2017年に就任したトランプ大統領は，オバマ前政権の政策を180度転換させました。2018年に新たな核戦略指針である「核態勢の見直し（NPR）」を公表し，ロシアや中国，北朝鮮などによる核の脅威に対抗するため，「柔軟かつ多様な核戦力」の必要性を強く打ち出しました。

つまり，核兵器を使いやすくするということですか？

はい。アメリカが通常兵器による攻撃やサイバー攻撃を受けた場合に，その報復として核兵器の使用を排除しない方針を表明したのです。まさに，核兵器を使いやすくする方向へとカジを切る大きな政策転換と言えます。

こうしたことを背景に，「終末時計」が進んでしまったんですね。

はい。さらに，トランプ大統領は，オバマ政権時の2015年にアメリカ・イギリス・ドイツ・フランス・中国・ロシアと，イランとの間で結ばれた「イラン核合意」からの離脱を宣言しました。

「イラン核合意」というのはどういうものですか？

イランは以前から核開発をしているという疑惑があり，アメリカなどが経済制裁を行っていました。ですが，2015年にオバマ大統領が主導して，アメリカなどが経済制裁を緩和することと引き換えに，イランは核開発を大幅に抑制するという合意が結ばれたのです。

その合意から，トランプ大統領は離脱したわけですね。

はい。トランプ大統領は「イラン核合意」には様々な欠陥があるとして，2018年5月にこの合意から離脱し，イランへの経済制裁を再び発動させました。その後，イラン側も対抗し，核合意で制限されていたウラン濃縮などを再開したのです。

ウラン濃縮というのは何ですか？

放射性物質であるウランは，その濃度を高めることで核兵器や原子力発電所の核燃料として使用可能になるのです。

うーん。難しいけれど，要するに核兵器の開発につながるような活動をイランは再開したということですね。

そういうことです。トランプ政権の核政策は，イラン核合意からの離脱にとどまりません。2019年には，アメリカがロシアとの間で結んでいた中距離核戦力（INF）全廃条約から離脱しました。この条約はアメリカとソ連との間で1987年に締結され，冷戦終結への第一歩となった歴史的条約でした。しかし，トランプ大統領は，ロシアがこの条約に違反してミサイル開発を続けているとして，条約から離脱したんです。ちなみに，中距離核戦力とは，射程距離が500～5500kmの地上発射型ミサイルのことです。

アメリカの離脱に対して，ロシアはどうしたのですか？

ロシアのプーチン大統領は条約違反を否定したものの，アメリカがミサイル開発を行うならば，自分たちも同じようにするとして，やはり条約から離脱しました。2019年8月にINF全廃条約は失効しました。

じゃあ，かつての冷戦時代のように，ふたたび核軍拡競争が起きつつあるのですね。

はい。だから，今，世界は「新冷戦」の状況にあるとも言われていますよ。

本当に危険な状態なのですね。他にはどういった国がどれくらいの核兵器を持っているのですか？

核兵器は，1968年に締結された核不拡散条約（NPT）によって保有が認められているアメリカ，イギリス，フランス，ロシア，中国の他，NPTに加入していないインド，パキスタン，イスラエルが保有していると言われています。

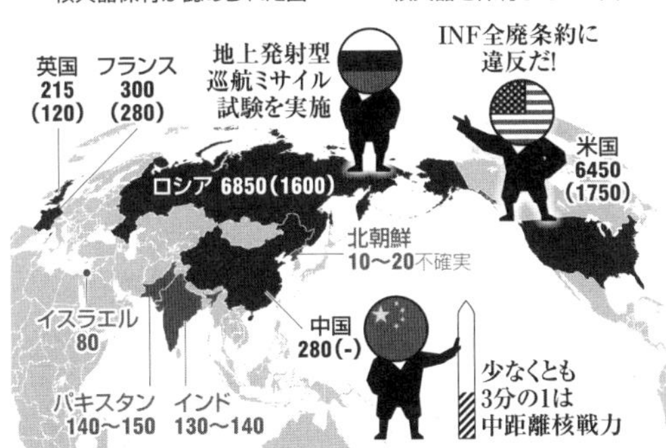

2019年1月31日「朝日新聞デジタル」

北朝鮮も持っていますよね。

そうです。北朝鮮は2003年にNPTからの脱退を宣言し，2005年に核保有を宣言しました。その後，数回にわたって核実験を行っています。

それぞれ，どのくらいの数の核兵器を持っているのですか？

世界全体の核弾頭の数は，約15,000発です。その9割以上はロシアとアメリカが持っていて，それぞれ6850発と6450発。そして，フランスが300発，中国が270発，イギリスが215発。また，NPTに加盟していないパキスタンが140～150発，インドが130～140発，イスラエルが80発保有していると推定されています。さらに核実験を繰り返している北朝鮮は10～20発を保有しているとみられています。

そういえば，数年前に，アメリカのトランプ大統領と北朝鮮の金正恩党委員長との間で首脳会談が行われたみたいですけれど，核兵器についてはどのような話し合いが行われたのですか？

はい。まず2018年6月に史上初となる米朝首脳会談がシンガポールで行われました。アメリカは，金正恩党委員長をトップとする政治体制の維持を保証することなどを約束し，一方の北朝鮮は朝鮮半島の「完全な非核化」に取り組むことを約束しました。

確かに，2人でがっちりと握手していましたね。

ですが，2019年2月にベトナムで行われた2度目の会談では，非核化についての意見が食い違い，合意文書の発表は見送られたのです。北朝鮮はその後，ミサイルの発射実験を繰り返すなど，まだまだ不安定な状態が続いています。

それにしても，なぜ核兵器の削減は進まないのですか？

もっともな疑問だと思います。そこで，次のような状況を考えてみましょう。

あなたはＡ国の大統領だとします。Ａ国はＢ国と対立しており，双方の軍事力は均衡状態にあります。そんな時，大統領であるあなたのところに，軍事政策を担当する２人の部下がやってきました。

１人目の部下は「核軍拡」を勧めてきます。開発にかかる費用は100億ドルと高額ですが，Ｂ国に先を越されないためには新型ミサイルの開発が必要だと言います。

２人目の部下は「核軍縮」を唱えます。軍拡競争はＡ国にとってもＢ国にとっても負担にしかならず，戦争の危険が高まるので新型ミサイル開発はやめるべきだと言います。そうすれば，軍事費は20億ドルにまで削減できると言います。

他方のＢ国でも，同じように「核軍拡」か「核軍縮」かの判断を迫られているようですが，互いに相手の国の選択を知ることはできません。

さて，あなたはＡ国の大統領として，どちらを選択しますか？

確か，これは以前学んだ「囚人のジレンマ」と同じ状況ですね。

いいところに気づきましたね。つまり，次の表のような状況だということです。双方にとって最も望ましいのは，両国とも「核軍縮」を選択することですね。そうすれば軍事費を抑えられ，緊張は緩和しますから。ですが，Ａ国が自国の利益を最大にすることを目的とするならば，どちらの選択をするのが望ましいのでしょうか？

		Ｂ国	
		核軍縮	核軍拡
Ａ国	核軍縮	Ａ国：○（緊張緩和） Ｂ国：○（緊張緩和）	Ａ国：×（軍事的劣位） Ｂ国：◎（軍事的優位）
	核軍拡	Ａ国：◎（軍事的優位） Ｂ国：×（軍事的劣位）	Ａ国：△（緊張激化） Ｂ国：△（緊張激化）

まず，B国が「核軍縮」を選択する場合を考えると，A国は「核軍拡」を選択した方が望ましいです。なぜなら，B国に対して圧倒的に有利な立場に立つことができ，外交でもいうことを聞かせることができるからです。

確かに，そうですね。では，B国が「核軍拡」を選択する場合はどうでしょうか？

その場合も，当然A国は「核軍拡」を選択するべきです。そうしないと，B国に軍事的優位を許すことになってしまうからです。

そういうことです。つまり，自国の利益を優先し，合理的に判断するならば，B国の選択がどちらであれ，A国は「核軍拡」を選択することが望ましいということになるわけです。

なるほど。そしてB国も同じように考えると，結局，双方の核軍拡競争が過熱してしまうわけですね。

はい。こうした状況は「安全保障のジレンマ」と呼ばれます。

こうやって考えてみると，現実の国際政治でも核軍縮が難しい理由が分かりました。ということは，やっぱり核廃絶は不可能なのでしょうか？

確かに，核廃絶が難しいのは事実です。ですが，「安全保障のジレンマ」の背景には，相手国の意図をつかめないことによる誤解や，裏切られるかもしれないという不信感があるわけですから，そういった誤解や不信感をなくすことができれば，緊張を緩和することは可能なはずです。

具体的には，どうすれば誤解や不信感をなくせるのですか？

まずは，敵対する国家間の直接対話や軍事情報の公開などの信頼醸成措置によって，相互理解を進めることが大切でしょう。例えば，米ソの核戦争の脅威が高まった1962年のキューバ危機の後，両国間にホットライン（直通電話）が引かれたことなどは，信頼醸成措置のひとつといえます。

なるほど。とはいえ，今の国際関係を見ていると，相互理解を進めるのは簡単ではないですよね。

はい。そこで，国際的な話し合いによって，ルールを決めることが必要になってくるわけです。2017年に国連で採択された核兵器禁止条約というのは聞いたことがありますか？

はい。ニュースで見たことがあります。

核兵器禁止条約は，国連加盟193カ国のうち122カ国の賛成多数で採択されました。条約では，核兵器の製造や保有，使用に加えて，核兵器による威嚇も禁止しています。50カ国が批准すると発効するのですが，2020年7月の時点では，40カ国が批准を済ませています。条約の成立に貢献したNGOの連合体である「核兵器廃絶国際キャンペーン（ICAN）」は，ノーベル平和賞を受賞しています。

でも，核保有国は条約に参加していないのですよね。

そうですね。アメリカやロシアをはじめ，核保有国はいずれも参加していません。また，カナダやドイツなどNATO加盟国や，日本，韓国，オーストラリアなども不参加です。

なぜ，日本は参加しないのですか？

日本政府が理由としてあげているのが，核開発を続ける北朝鮮の脅威です。日本は同盟国アメリカの「核の傘」によって守られているため，条約には賛成できないとしているのです。また，核軍縮は核保有国と非保有国が一緒になって段階的に進める必要があるとしています。

そういった日本政府の姿勢について，批判の声はないのですか？

あります。被爆者からは「日本は被爆を経験した国として，アメリカに対して堂々と禁止を主張するべきだ」といった声が上がっています。また，専門家からも「アメリカの核抑止は本当に有効なのか。アメリカ軍との協力がかえって緊張を高めないか？」といった意見があります。

僕もそう思います。アメリカにべったりだと，むしろ戦争に巻き込まれる恐れが高まるのではないでしょうか？

しかし，アメリカと距離をとった場合，日本が攻撃された時にどうやって国を守るのでしょうか？　アメリカに見放されてしまわないでしょうか？　そういった意見があるのも事実です。

うーん。やっぱり日米同盟を今後どのようにしていくかという問題は，本当に難しいですね。

はい。ですが，日本はアメリカの同盟国である一方で，世界の国々からは，日本は世界で唯一の被爆国として核廃絶を国際世論に強く訴えることができる特別な存在として見られているということを忘れてはなりません。

そうですよね。だからこそ，核兵器の保有国と非保有国の橋渡し役となって，核廃絶に向けた歩みをリードしていく必要があると思います。

みなさん自身も，主権者として日本政府にどのような行動を求めていくべきなのか，しっかりと考えてください。

本日の名言

過去に目を閉ざす者は，現在に対しても盲目となってしまう。非人間的な行為を心に刻もうとしない者は，そのような危険に陥りやすいのである。

リヒャルト・フォン・ヴァイツゼッカー（1920-2015）

藤井からのコメント

10時間目 「核なき世界」を実現するには？

授業は,「学校」から「地域」へ,「地域」から「国」へと視点や考える範囲を広げてきたが, 今回は「国際」である。

授業のテーマ等は, 大芝先生の「敵を知って初めて作戦が立てられる」というインタビューを具体化した授業である。「敵を知って初めて作戦が立てられる」ことを, 身近に考えさせるために「囚人のジレンマ」を使い, 分かりやすく説明している。

いくつかコメントしたい。

第1に,「公共」の大項目B中項目（2）の解説には「我が国が軍縮に向けて不断に努力するためには, どのようなことが大切か, 国際平和を推進し人類の福祉の向上を目指すためにはどのような国際貢献が考えられるか, 持続可能な国際社会を形成するために私たちは何ができるか, といった, 具体的な問いを設け」と, 本授業のテーマそのものの記述がある（「解説」65頁）。

第2に, 非常に授業の流れやテンポのよい「ライブ」になっているが, 反対に先生が「教える」スタンスをとっている。例えば, 生徒の「やっぱり核廃絶は不可能なのでしょうか？」という問いに対し, すぐ先生が「確かに核廃絶が難しいのは事実です。ですが,『安全保障のジレンマ』の背景には, 相手国の意図をつかめないことによる誤解や, 裏切られるかもしれないという不信感があるわけですから, そういった誤解や不信感をなくすことができれば, 緊張を緩和することは可能なはずです」と答えてしまったり, 次の生徒の「具体的には, どうすれば誤解や不信感をなくせるのですか？」との問いに対し, 先生が「まずは, 敵対する国家間の直接対話や軍事情報を公開するなどの信頼醸成措置によって, 相互理解を進めることが大切でしょう」と答えてしまった。ここは, 資料を示したり，ヒントを出して「核廃絶の『条件』」を考えさせる必要があるだろう。また，その後で「そこで，国際的な話し合いによって，ルールを決めることが必要になってくるわけです」という考え方も，生徒に考えさせるべきだったであろう。そのためのヒントや資料収集は教員の役目となる。

11時間目　メディア・リテラシーを身につけるには？

今日は，政治や社会に関する情報に接する時，どのようなことに気をつけるべきかを考えてみましょう。まず質問です。

あなたは政治や社会に関する情報を，何から得ていますか？
①テレビ　②新聞　③ラジオ　④ネットニュース
⑤ＳＮＳ　⑥その他

ネットニュースやSNSが多いようですね。では，それらのメディアを見ている時，「これって本当のことかな？」と思ったことはありませんか？

あります。私はネットニュースをよく見ますけれど，誰が記事を書いているのか分からなかったり，事実をちゃんと確認しているのか怪しかったりすることがあります。

僕も，SNSで流れてくる情報は嘘っぽいなぁって思うことが結構あります。

個人的なブログに載っている内容も，ちょっと気をつけないといけないですよね。

なるほど。政治や社会に関するニュースの場合，やはり新聞やテレビの方が信頼できるのかもしれませんね。ここで，情報の送り手の立場を考えてみましょう。

例えば，ある事件が起きたとします。みなさんが新聞記者の立場だったら，どのような点を重視して記事を書きますか？

うーん，新聞だったらやっぱり記事の正確さが大切だと思います。だから自分だけではなく，何人かのチェックが必要ですよね。

そうですね。新聞の社会的影響力を考えると，そのような信頼性はとても重要でしょう。実際，新聞社やテレビのニュースは複数の担当者が記事の事実関係をチェックしています。では，みなさんが同じ事件について，SNSに書くとしたらどうですか？

やっぱり，フォロワーの興味を引くような書き方をしてしまうかもしれません。「いいね！」が多くなるように。だから，あまり正確ではない情報を載せてしまうこともあると思います。

そうですね。このように，情報の送り手の立場を考えてみると，同じ出来事でも伝え方は様々だということに気づきますよね。ですから，受け手として情報と向き合う場合には，その情報の送り手の意図について，しっかりと考える必要があるわけです。

なるほど。そうしないと，情報に踊らされたり，だまされてしまったりすることがあるわけですね。

はい。ネットが普及した現代の世の中では，何が「事実」なのかを見極める力，つまりメディア・リテラシーがとても大切です。

確かに，最近よくフェイクニュースが問題になっていますよね。

そうですね。例えば，2016年のアメリカ大統領選挙では，選挙戦の最中，「ローマ法王もトランプ氏を支持」，「秘密の世論調査でトランプ氏がリード」といったフェイクニュースがSNSで拡散され，人々を惑わせました。

photo by Jeffrey Bruno / CC BY-SA 2.0 / cropped & photo by Gage Skidmore / CC BY-SA 3.0 / cropped

選挙の際に，こうしたフェイクニュースが流されると，民主主義の根幹が揺らいでしまいますね。

はい。選挙のケース以外にも，人々を混乱させる様々なフェイクニュースがありますよ。数年前の日本で，こんなフェイクニュースが話題になったのを覚えていますか？

あ，覚えています。熊本地震の時に，SNSで広まったフェイクニュースですよね。

はい。こうしたフェイクニュースを拡散する人は，どのような意図があるのだと思いますか？　まず，トランプ大統領のニュースについてはどうでしょうか？

それは，何らかの政治的な意図があるのだと思います。2016年のアメリカ大統領選挙の時は，クリントン氏が優勢とみられていたので，何とかしてトランプ氏を勝たせようとした人が，あのようなニュースを流したんだと思います。

なるほど。熊本地震の際のライオンのニュースはどうですか？

これはきっと愉快犯なのではないでしょうか？　世間を騒がせて注目を浴びたかったのだと思います。

そうですね。実際，あのデマを流して逮捕された男は，「悪ふざけでやった」と言っていました。

フェイクニュースに惑わされないようにするには，どうすればいいのですか？

それについては，ジャーナリストの下村健一さんの本（『10代からの情報キャッチボール入門――使えるメディア・リテラシー』岩波書店，2015年）に書かれていることがとても参考になりますよ。下村さんは情報をしっかりと受け取るには4つの疑問を持つことが大切だと言っています。1つ目の疑問は「まだ分からないよね？」です。つまり，結論を即断しないようにするということです。

確か，「ライオンが逃げた」みたいなニュースを見たら，まずは疑ってみることが大切ですね。

その通りです。その時に大切なのが，他の情報源にあたってみることです。あのライオンのニュースの場合，同じ写真のコピーばかりで別の情報は全然ありませんでした。ですから，普段から複数の情報源にあたるようにしている人ならば，すぐに偽情報だと気づくことができたはずです。

そうですね。やっぱり情報をSNSだけに頼ってしまうと，こうしたフェイクニュースにだまされてしまいやすくなりますね。

はい。SNSは，考えや価値観の似た者同士が集まりやすく，特定の意見ばかりを見聞きしやすいメディアです。その結果，自分が好む情報だけを見るようになり，見たくないニュースや異なる意見は見なくなってしまう傾向があります。

確かにそうですね。

だから，意識的に複数の情報源にあたる習慣を身につけておくといいですよ。

はい，気をつけます。

次に，2つ目の疑問は「事実かな？　意見・印象かな？」です。私たちが見聞きする情報には，大きく分けると，「事実」と「意見・印象」の部分があります。例えば，ニュースなどで，現場のリポーターがこう言っていたとします。

疑惑のＡ氏は，こわばった表情で，記者を避けるように，裏口から，こそこそと出て行きました。

この情報のうち，「事実」の部分だけ抜き出すとどうなりますか？

うーん。「Ａ氏は，裏口から，出て行きました」ですか？

その通り。「疑惑の」とか「こわばった表情で」，「記者を避けるように」，「こそこそ」といった部分は，どれも「意見・印象」の部分です。こういった情報は，知らず知らずのうちに私たちをひとつの見方へと誘導してしまうことがあるのです。

なるほど。だから，「事実」と「意見・印象」をごっちゃにして鵜呑(うの)みにしないことが大切なのですね。

はい。3つ目は「他の見え方もないかな？」です。受け取った情報を，ひとつの見方だけで捉えるのではなく，あえて立場や順序，重心などを変えて見直すことが大切です。そうすると，同じ「事実」でも，全く違った姿に見えることがあります。数年前に，こんな新聞広告が話題になりました。「ボクのおとうさんは，桃太郎というやつに殺されました」と言っている鬼の子どもを描いた作品です。

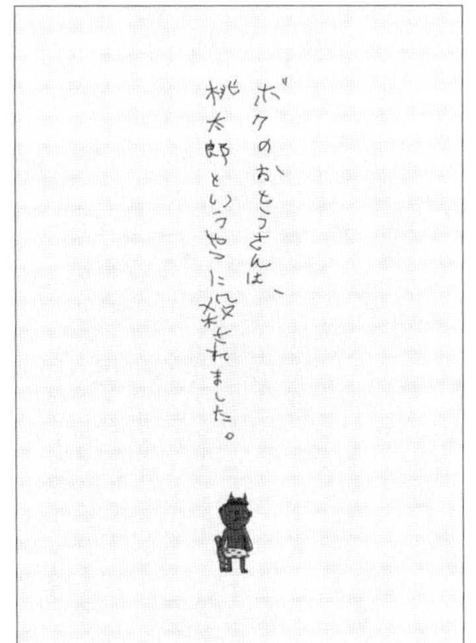

©日本新聞協会　2013年「新聞広告クリエーティブコンテスト」受賞作品

確かに，鬼の子どもの立場からすると，「めでたし，めでたし」というわけにはいきませんよね。

はい。次に，情報の順序を変えると，受け手にとってどのような影響があるか考えてみましょう。例えば，「“自分も悪かった” けど “あいつも悪かった”」と言うのと，「“あいつも悪かった” けど “自分も悪かった”」と言うのとでは，印象が変わりませんか？

確かに，前者だとまだケンカが続く感じだけれど，後者だと仲直りする感じがしますね。

次の例はどうでしょう。「“充実した会談だった” ものの “合意にはいたらなかった”」と「“合意にはいたらなかった” ものの “充実した会談だった”」です。どちらの方がよい印象ですか？

前者だと交渉は難航している感じですが，後者だと徐々に前進している感じがします。

そうですよね。このように，みなさんがニュースを見る際にも，他の見え方ができないかを考えるようにすると，一方的で偏った見方に誘導されないようになります。

はい。そうするように心がけます。

最後の疑問は，「隠れているものはないかな？」です。つまり，スポットライトがあたっている部分だけではなく，その周りも見ることが大切です。例えば，選挙の際に，ある候補者が支持者向けの集会を開いたとします。でも，あまり人数が集まらなかった。その時，みなさんが候補者の事務所の広報担当者で，HPに集会の様子を載せるとしたら，どんな写真を使いますか？

きっと，会場全体の写真ではなくて，前の方だけが写っている写真を使って，あたかもたくさん集まったようにすると思います。

そうですよね。しかも，「集会は大盛況でした」なんていうコメントまでつけてしまうかもしれません。

確かに。だから，自分の目で確かめたり，他の情報源にあたったりすることがとても大切ですね。

はい。このように，様々な情報に触れて比較することは，民主主義を実現する上でとても大切なことです。「言論の自由」が保障されていて，様々な情報を比較することができるからこそ，フェイクニュースにだまされないようにすることができるわけです。その意味で，民主主義は「ウソを少なくする政治システム」だと言えるでしょう。

本日の名言

私たちは，自分のよく知っている類型にあてはまるひとつの特徴を人々の中に見つけ出し，自分の頭の中にある様々なステレオタイプによって，その人物像の残りを埋めるのである。

ウォルター・リップマン（1889-1974）

藤井からのコメント

11時間目　メディア・リテラシーを身につけるには？

高校生にとって身近な「学校」から「地域」へ，その後，「国」から「国際」へと，教材や視点を広げながら授業案を提案していただいたが，最後に，主権者教育にとって重要な「メディア・リテラシー」の授業を提案してもらった。

主権者として「メディア・リテラシー」の確立は必須である。また，教室や電車，バスの中でスマホにのめり込んでいる高校生などを見ていると，その情報源の取捨選択について危うさを感じることがある。その意味で，「メディア・リテラシー」を身につけさせる（考えさせる）授業は重要な意義があると同時に，身近なSNSなどを教材として取り入れるべきであり，その意味で本授業は，大変優れた実践である。

授業そのものは，佐々木先生が「ポピュリズムに陥らないようにするためにもメディア・リテラシーの確立は必要である」と述べられていたことから構想されたものであろう。

新科目「公共」には，再三にわたって情報の取り扱いが示されている。大項目Bア（エ）には，「現実社会の諸課題に関わる諸資料から，自立した主体として活動するために必要な情報を適切かつ効果的に収集し，読み取り，まとめる技能を身に付けること」との記述があり（「解説」50頁），同じく内容の取扱い（3）（キ）には，「アの（エ）については，（ア）から（ウ）までのそれぞれの事項と関連させて取り扱い，情報に関する責任や，利便性及び安全性を多面的・多角的に考察していくことを通して，情報モラルを含む情報の妥当性や信頼性を踏まえた公正な判断力を身に付けることができるよう指導すること」との記述がある（「解説」52頁）。

いくつかコメントを行いたい。

第1に，大変分かりやすい授業なのだが，いくつかもう一歩考えさせたり，確認させたりすべきところがあった。例えば，先生が3度目に「政治や社会に関するニュースの場合，やはり新聞やテレビの方が信頼できるのかもしれませんね」と発言し，その直後，生徒が，「新聞だったらやっぱり記事の正確さが大切だと思います。だから自分だけではなく，何人かのチェックが必要ですよね」と発言しているが，そこで続けて新聞社内のチェックシステムなどを紹介しながらSNSなどと比較させると，さらに新聞やテレビへの信頼度が増したと考えられる。ただしその際，マスコミ各社にはそれぞれスタンスがあり，新聞でも後半の授業で触れてはいるが，「他の情報源」（複数の新聞）にあたる必要があることを示したい。筆者がリテラシーの授業を行う時は，同じテーマで複数の新聞の社説を比較させたり，NHKと民放の夜のニュース番組のトップニュースを録画し，比較させたりしていた。新聞の購読率が下がり続けていることは問題ではあるが，リテラシーを考える上では「新聞をとっている人でも『1紙』しかとっていない」現状も大きな問題であることを指摘したい。

第2に，「メディア・リテラシー」の定義である。授業では，「何が『事実』なのかを見極める力」と定義しているが，「テレビや新聞，SNSやツィッターなどメディアや情報源からのメッセージを主体的・批判的に読み解く能力」など，「批判的に読み解く力」も入れてほしいと考えている。その事例をあげていれば，さらに考察を深めさせる授業となったはずである。

第3に，「桃太郎」の扱いである。確かに授業では，「ボクのおとうさんは，桃太郎というやつに殺されました」という新しい視点を示したが，生徒にさらに他の視点を考えさせて，例えば「桃太郎は『侵略者』だった」とか，「たったひとつのきびだんごで猿たちを戦闘に従事させた『違法経営者（労働基準法違反，最低賃金法違反，憲法の平和主義の視点からは憲法違反)』」などの見方を引き出せたと思う。何度も指摘するが，多面的な見方･考え方を示したり，理解させたりする授業が必要である。

第4に，最後の先生の発言，「このように，様々な情報に触れて比較することは，民主主義を実現する上でとても大切なことです。『言論の自由』が保障されていて,様々な情報を比較することができるからこそ,フェイクニュースにだまされないようにすることができるわけです。その意味で，民主主義は『ウソを少なくする政治システム』だと言えるでしょう」についてである。この発言は重要な示唆を含んでいる。つまり，日本国憲法第21条の「集会・結社・表現の自由」は，様々な情報が社会に自由にあふれ，その情報を私たちが自由に比較することができて初めて，我々は主権者として正確な判断を下すことができ，民主主義的な決定を行うことができるのだ,という示唆がなされている。その上で佐々木先生の発言,「民主主義は『ウソを少なくする政治システム』」であるという考え方を説明・紹介すると,「憲法は条文を暗記するだけ」と考えていた高校生が,「なぜ憲法に『表現の自由』が規定されているのか」が腑に落ちるであろう。ここで高校生が腑に落ちてくれれば，さらに続けて「日本国憲法の他の条文も,『この条文がないと（保障されないと),私たちにとって困る現象が起きてしまう』という視点で憲法を読み返してください」と発言し，納得してもらうことができるはずである。

最後に,「メディア・リテラシーの確立」を目指した本授業は，高校生の身近な題材を扱った点で優れた実践である。ただし（指摘するとすぐうなずく高校生が多いと思うが),「報道各社で『内閣支持率』が違う理由」なども，知的に刺激を与える教材となるだろう[1)]。リテラシーを考えさせる教材は，まだまだあると考えている。先生方のさらなる実践を待ちたい。

1）世論調査を分析した著書として，松本正生『世論調査と政党支持——戦後政党支持構造史』（法政大学出版局，1991 年),『「世論調査」のゆくえ』（中央公論新社，2003 年）を参照されたい。

第３章　主権者教育のこれから

第３章は，第１節と第２節に分かれている。

第１節は，大畑先生の授業実践をまとめている。その上で，各地で行われている優れた主権者教育の授業を紹介し，今後の主権者教育の授業構築やさらなる取り組みを考えてみたい。

第２節は，ドイツの政治教育の授業実践などを紹介し，これからの日本の主権者教育の方向性を考察したい。特に，日本では「中立性の確保」「教員の発言範囲」などを意識するあまり，具体的な政治を扱うことに現場では萎縮する傾向がある。ドイツの教育界は，「中立性の確保」「教員の発言範囲」などについて，ボイテルスバッハ・コンセンサスを持ち，政治教育の自由度が大幅に上がっている。これらを受けて，日本でも「日本版ボイテルスバッハ・コンセンサス」が必要だと考えられている。多くの議論が起こることを期待したい。

第3章　主権者教育のこれから

第1節　大畑先生の授業実践のまとめ

第２章では，大畑先生が企画・実践した「主権者教育」の授業をライブ形式で紹介した。第２章で紹介した授業に対する藤井のコメントは，それぞれの授業の後に行っているので，ここでは大畑先生の授業を大きく３点にまとめて考察したい。

1 「あたりまえ」を疑う授業

大畑先生の授業は，生徒たちがこれまで「あたりまえ」だと思っていたことを，身近で具体的な例をあげながら再度考えさせ，「他にもこのような考え方があるのか」「これからこのように考えていこう」「この知識とこの知識は，このようにつながっているのか」など，生徒に知的好奇心や新しい驚きをもたらすものだった。

２時間目の授業実践では，「なぜ社会を作るのか？」という問いを立て，「分業」などを学び，「国家の必要性」や「ルールの必要性」に気づかせた。

３時間目の授業実践では，「民主主義は正しいのか？」という問いを立て，様々な多数決や「決め方」などを学び，「最大多数の最大幸福」が常に正しいわけではないことに気づかせた。

４時間目の授業実践では，「憲法はなぜあるのか？」という問いを立て，みんなで決めてはいけないことが書いてあるものが「憲法」であることに気づかせた。

5時間目の授業実践では,「主体的な参加とは？」という問いを立て,「参加のはしご」を使って「主体的な参加」を自分の問題として具体的に考え，これまでの「参加のあり方」を再考し,「今後の参加のあり方」を考えさせた。

6時間目の授業実践では,「ブラック校則をなくすには？」という問いを立て,「ルールの必要性」を学びながら,「ルール」はなぜあるのか，誰が作るべきなのかなどを考えさせた。

7時間目の授業実践では,「地域社会を魅力化するには？」という問いを立て，校外に出て地域の人々のお話を聞き，地域の課題解決は自分たちの課題でもあることに気づかせた。

8時間目の授業実践では,「投票率を上げるには？」という問いを立て,「ライカー・オードシュックモデル」を使いながら，自分にもできる具体的な投票率を上げる方策を考えさせた。

9時間目の授業実践では,「僕らの政党を作るなら？」という問いを立て，これまで学んできた「政治や経済の知識」を総動員して政策提言と投票基準を考えさせた。

10時間目の授業実践では,「核なき世界を実現するためには？」という問いを立て,「囚人のジレンマ」を使いながら「あるべき外交の姿」を考えさせ，情報をオープンにすることがよりよい外交になることに気づかせた。

11時間目の授業実践では，「メディア・リテラシーを身につけるには？」という問いを立て，「メディア・リテラシー」を学び，これからの情報とのつき合い方を考えさせた。

長々と授業を振り返って恐縮だが，これらの「問い」は，多くの生徒が持っており，それらを考えることは生徒にとって新鮮な学びであると同時に，生徒たちは多くの「見方・考え方」「思考力・判断力・表現力」などを身につけることができたと思う。

また，大畑先生の個別の授業へのコメントでも述べてきたが，新科目「公共」では「大項目Aで身につけた『見方・考え方』を使いながら具体的な『問い』を立てて解決していく」ことが期待されている。例えば，「どのような場合に，契約が当事者の自由な合意とは言えないか」「なぜ契約自由の原則には例外が存在するのか」(「解説」58頁)，「なぜ議会を通して意思決定を行う必要があるのか」「なぜ政治に参加するのか」(「解説」62頁)などの問いを立てて考察したり，討論したり，レポートにまとめたりすることが求められている。

このような「見方・考え方」の定着を図り，さらにそれらを使って「問い」を立て考察を深める授業は，これまで多くの教員が得意としてきた「チョーク＆トーク」からの脱却が必要である。そして，新指導要領の定着のためには教員の授業が大きく変わらなくてはならない。大畑先生の実践はその意味ではお手本であり，全部の授業を取り上げるのは難しいにせよ，先生方には勤務校の生徒の実態に合わせて何時間か授業実践を行ってほしい。

大畑先生の授業にはストーリーがある。例えば，２時間目の「なぜ『協働』が必要なのか？」から４時間目の「憲法は何のためにあるのか？」までの３時間の授業は，政治・経済や現代社会の政治分野の初めに置かれている「政治」「民主主義」「社会契約」「立憲主義」などを網羅的に学ばせようという意欲的な取り組みであった。また，５時間目から10時間目の授業は，身近な「学校」から「地域」へ，そして「国家」から「国際」へと，学ぶ対象や範囲，視点が広がるように配置されており，生徒たちは気づかないうちに，段階的に「見方・考え方」などを広げていくようになっている。

近時の行政学や政治学は，「国家」から議論を始めず，市民にとって最も身近な市町村を「基礎自治体」と位置づけ，その領域では解決できない問題を都道府県に，さらに国へと広げていくように議論している。その意味で，今回の授業のような視点や「見方・考え方」を広げる実践は，今後さらに研究していくべきであろう。

大畑先生の授業提案は，全て「アクティブ・ラーニング」の手法をとっている。アクティブ・ラーニングを「討論や調べ学習など『生徒が動く』」ことを条件としている定義もあるが，筆者はその立場をとらない。討論などをしてもアクティブ・ラーニングとはいえない授業も存在するからである。その例として，ある県の「アクティブ・ラーニングの研究授業」実践を紹介する。

ベテランの先生の政治・経済の授業である。実践者が「今日は『死刑制度の是非』について，グループに分かれて討論をしてもらいます。そのために，まず基礎知識を持ってもらいます。ワークシートを見てください」と説明した。その後，約25分間，空欄を設けた「死刑制度の『肯定派』と『否定派』の根拠資料」を用いて，肯定派・否定派の資料を実践者が解説しながら空欄補充をさせた。そして，「さあ，これで死刑制度の是非についての根拠が分かったと思います。では，４人１グループになって『死刑制度は廃止すべきなのか，残すべきなのか』15分くらい話し合ってください。時間になったら各班の司会に，班の話し合いをまとめて発表してもらいます」と説明して，グループ討論を行わせた。討論後，各班を指名して，討論の内容や結論を発表させ，黒板にメモをとった。最後に，実践者が「いろいろな意見が出ましたね。各グループの発表で分かるように死刑については様々な考え方があります。世界を見回すと，日本のように死刑制度を残している国もありますし，ヨーロッパを中心に廃止した国もあります。今日の議論をもとに，各自死刑制度の肯否について考えていってください。今日の授業はこれで終わります」と授業を終えた。

さて，上記のような授業が，果たして「アクティブ・ラーニング」の授業といえるのだろうか？ 「アクティブ･ラーニング」は決して生徒の「動作」がある授業を指すのではない。上記のような授業は「アクション･ラーニング」というべき授業で,「生徒が動けば（話し合えば), アクティブ･ラーニングの授業」という誤解の上に成り立った授業といえる[1)]。

文部科学省のHPには，アクティブ・ラーニングは「教員による一方向的な講義形式の教育とは異なり，学修者の能動的な学修への参加を取り入れた教授・学習法の総称。学修者が能動的に学修することによって，認知的，倫理的，社会的能力，教養，知識，経験を含めた汎用的能力の育成を図る。発見学習，問題解決学習，体験学習，調査学習等が含まれるが，教室内でのグループ・ディスカッション，ディベート，グループ・ワーク等も有効なアクティブ・ラーニングの方法である」と定義されている。ひと言でまとめれば「アクティブ・ラーニングとは，学生にある物事を行わせ，行っている物事について考えさせること」といえるであろう[2)]。また，アクティブ・ラーニングの一般的特徴として，

(a) 学生は，授業を聴く以上の関わりをしていること
(b) 情報の伝達より学生のスキルの育成に重きが置かれていること
(c) 学生は高次の思考（分析，総合，評価）に関わっていること
(d) 学生は活動（例：読む，議論する，書く）に関与していること
(e) 学生が自分自身の態度や価値観を探究することに重きが置かれていること
(f) 認知プロセスの外化[3)] を伴うこと

があげられている[4)]。先ほど紹介した「死刑制度の肯否」の授業が，上記の特徴を満たしていないことは明らかである。

では，大畑先生の授業はどうか？ 再度，授業実践を振り返っていただき，先生方に検討していただきたいと思う[5)]。

注

1) このような「アクション・ラーニング」を紹介した本が書店に山積みになった結果，文部科学省は「アクティブ・ラーニング」を「主体的・対話的で深い学び」と定義し直した。
2) 筆者は「アクティブ・ラーニング」をさらにまとめて「頭を動かす活動」と説明している。例えば，「需要・供給曲線」と「円高・円安」の仕組みを学ばせた後，「ア

メリカの銀行金利が8％で，日本の銀行金利が0.1だった時，円安になるか円高になるか」という「問い」かけは，基礎知識を組み合わせながら「考える」という意味で立派な「アクティブ・ラーニング」だと理解している。

3）問題解決のために知識を使ったり，人に話したり，書いたり，発表したりすること。

4）『ディープ・アクティブラーニング 大学授業を深化させるために』（松下佳代編著 勁草書房 2015年）この書籍は大学向けのものではあるが，全ての校種の先生方に一度は読んでほしいと考えている。

5）ただし，「アクティブ・ラーニング」とは，上記（a）～（f）の特徴を全て満たす必要はないと考えている。

第2節　ドイツの政治教育

筆者（藤井）は，2019年の８月にドイツのニーダーザクセン州のギムナジウムに１週間滞在した。目的はドイツの政治教育を参観するためである[1)]。第２節では，筆者が参観したドイツの政治教育を紹介する。ドイツの政治教育は，今後の日本の主権者教育の方向性を考える上で，「自分ごととして考えさせる」「討論をして，熟議型民主主義を身につけさせる」など，大変参考になる事例が多いからである。

1．ドイツの教育制度

ドイツの政治教育を紹介する前に，ドイツの教育制度を概観したい。ドイツの教育制度は，日本とはかなりの違いがあるので，制度の違いを知らないと，これからの紹介が理解できないからである。

まず，ドイツの教育制度を理解するためには，ドイツが「連邦国家」であることを理解する必要がある。連邦制国家であるドイツは，自治権を持つ16の州によって構成されており，住民の日常生活に直接関わり合いを持つ問題（教育，警察，法律制定など）は各州の権限内となっている。各州はそれぞれ大きな財源を持つだけでなく，独自の憲法を持ち，州法を制定している。また，行政分野においても各州は広範な権限を有している。なかでも，各州は学校制度・大学制度を州法で定めることになっている。

以上のような「連邦制」のもとに，教育制度が構築されていることに注意していただきたい。

連邦レベルで教育を所管しているのは連邦教育研究省であるが，その権限は，学校外の職業教育および継続教育，研究助成，奨学金，国際交流の推進等である。各州にも教育所管省がそれぞれ設置されており，学校教育の目標・内容，教育方法，教育計画を定めるなど，各州の裁量で教育行政が行われている。また，高等教育機関の設置・管理や初等中等教育財政および高等教育財政も各州の所管である。初等中等教育学校の設置・維持については，地方が所管している。なお，各州の教育行政の調整を図り，共通性を確保する機関として，各州文部大臣会議が常設されているが，同機関の決議や勧告に法的拘束力はない。

ここまでの説明でお分かりのように，ドイツは日本の文部科学省を中心とした教育システムとは異なり，教育は主に各州が所管し責務を負っている。

さらに，ドイツの教育制度で特徴的なものとして「複線型教育」をあげておく。

ドイツの義務教育は，6～15歳の9年である（一部の州では10年）。初等教育は，基礎学校（Grundschule）で6歳から4年間（一部の州では6年間）行われる。概ね日本の小学校1年生から小学校4年生に相当する。

中等教育は，10歳から能力・適性に応じて，基幹学校（Hauptsschule），実科学校（Realschule），ギムナジウム（Gymnasium）などに分かれていく。

一般的な分類

①基幹学校（Hauptsschule）

職業訓練を受けて，卒業後に就職する者が主に就学する。

②実科学校（Realschule）

卒業後に高等専門学校などに進み，主に専門職を目指す者が就学する。

③ギムナジウム（Gymnasium）

一般大学入学資格であるアビトゥアを取得して大学に進学することを希望する者が主に就学する。

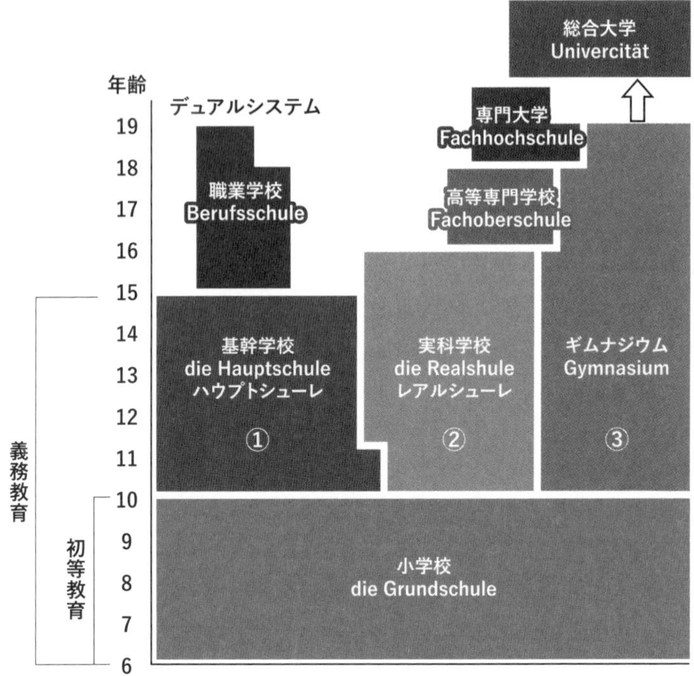

このようにドイツの教育は複線型であることに注意してほしい。

注

1）ドイツの政治教育については，『ドイツの政治教育――成熟した民主社会への課題』（近藤孝弘　岩波書店　2005年），「ドイツの政治教育　第1回～第5回」（「私たちの広場　No.289～No.293」（公財）明るい選挙推進協会），「ドイツ連邦共和国の成人教育　第1回～第4回」（「Voters　32号～35号」（公財）明るい選挙推進協会）を参照されたい。また，ドイツの教育については，2019年の訪独で通訳をお願いした和辻龍君の『こんなに違う!?　ドイツと日本の学校――「自由」と「自律」と「自己責任」を育むドイツの学校教育の秘密』（産業能率大学出版部　2020年）が興味深い。

2. ボイテルスバッハ・コンセンサス

ドイツの政治教育を語る際，もう１点理解しておく必要があるのは，「ボイテルスバッハ・コンセンサス」である。

日本では2015年の公職選挙法改正後，いわゆる「主権者教育」が全国の高等学校などで行われるようになり，「現実の具体的政治事象」を扱うよう主権者教育の副教材が全国の高校生に配付された[1)]。しかし，現場の先生方が戸惑ったのは,「政治的中立」性の確保の問題と「教員の発言範囲」の問題であった。その要因として，教育基本法第14条第１項には「良識ある公民として必要な政治的教養は，教育上尊重されなければならない」と，「政治教育」を行う必要性が示されているが，その第２項に「法律に定める学校は，特定の政党を支持し，又はこれに反対するための政治教育その他政治的活動をしてはならない」と，いわゆる「政治的中立」を求めていることがあげられる。さらに，教員に国家公務員や地方公務員以上に中立を厳しく求める「義務教育諸学校における教育の政治的中立の確保に関する臨時措置法」（中確法）が制定されており，教員にとって「政治的中立」は主権者教育を実施する上で注意しなくてはならない課題，それどころか主権者教育実施の抑制にまわる問題となっている[2)]。

この「政治的中立」と「教員の発言範囲」の問題に早くから直面していたのはドイツ（当時は西ドイツ）であった。ドイツでは戦前への反省もあり，民主的国家を再建するため，早い時期から政治教育に力が入れられていた。しかし1960年代に入ると，ドイツでも政党間の対立が高まり，学校で行われている政治教育の考え方も分裂した。政治教育実践の妨げになる対立を回避するため，1976年にボイテルスバッハという町に学校関係者，教育学者などの関係者が集まり議論を行い，その議論を後日まとめたのが「ボイテルスバッハ・コンセンサス」である。このコンセンサス（合意）は，今日でも学校現場で尊重され，政治教育の教員たちは遵守しようとしている。

「ボイテルスバッハ・コンセンサス」は，次の３原則からなっている。

ボイテルスバッハ・コンセンサス

（1）圧倒の禁止の原則

教員は生徒を期待される見解をもって圧倒し，生徒が自らの判断を獲得するのを妨げてはならない。具体的には，授業中，教員は生徒の発言を妨げたり圧倒したりしてはならず，さらに，自分と異なる意見の生徒を正当に評価することが教員に求められている。

（2）論争性の原則

学問と政治の世界において議論があることは，授業においても議論があることとして扱う。つまり，対立する考え方がある問題やテーマを扱う時は，対立する意見の両方を掲示する必要がある。

（3）生徒志向の原則

生徒が自らの関心・利害に基づいて効果的に政治に参加できるよう，必要な能力の獲得を促す。この内容は政治教育の目的を表していると解されている。

以上が，「ボイテルスバッハ・コンセンサス」の内容だが，３原則のうち初めの２つが中立性の原則となっている。さて，この２つの中立性の原則を読んでどのような意見を持たれるだろうか？　多くの先生方は「意見が分かれる問題やテーマを授業で扱う際，その真ん中の立場（＝中立）を探したり説明したりしなくてよいのか？」という疑問を持たれるのではないだろうか[3)]。ドイツでは，この「ボイテルスバッハ・コンセンサス」のもと，意見が分かれる現実の政治問題を扱う際には，対立する様々な考え方を取り上げて生徒に考えさせ，生徒一人ひとりの意見を尊重することが守られていればよいとされている。

なぜ，このような「ボイテルスバッハ・コンセンサス」が生まれ，「対立する考え方を取り上げ」「考えさせ」「意見を尊重」すればよいことになったのだろうか。その前提を理解するためには，ドイツの教育目標を知る必要がある。ドイツの教育目標として，一人ひとりが自分の意見を持つこと。その意見が事実に基づいていること。他の生徒たちとの議論を通して，相手の意見を受け止め多様な考え方を受け入れて，さらに自分の意見を持つことが求められている。つまり，学校は様々な意見や考え方が出会う場所であり，中立であるということは，みんなが自由に意見を述べられる場，環境を確保していることであると解されている。

このように考えると，「教員の発言範囲」も，ドイツでは教員も市民である以上，自分の意見を表明するのは当然であるという理解がまず存在する。さらに，「ボイテルスバッハ・コンセンサス」から，自分の意見を生徒に押しつけることがないことを前提として，教員が自分の意見を述べても，現実の社会には様々な見解があると教えている以上，生徒は教員の意見もその中のひとつとして理解することになる。そして，何よりも政治教育は一人ひとりの生徒に自分の意見を持つように求めているので，教員が自分の意見を述べなかったりすることは悪い見本を示すことになると考えられている。

注

1）『私たちが拓く日本の未来（主権者教育のための「副教材」）』（総務省・文部科学省 2015 年）

2）政治的中立の諸問題に関しては，拙著『18 歳選挙権に向けて　主権者教育のすすめ――先生・生徒の疑問にすべてお答えします』（清水書院　2016 年）48 ～ 64 頁参照。

3）上記注 2 の 48 ～ 49 頁参照。

3. ドイツの政治教育－その１－

ここからは，実際にドイツの学校を訪問し，政治教育の授業を参観してきたことを報告したい。

初めてドイツの政治教育の授業を参観したのは，2017年10月にバーデン＝ヴュルテンベルク州にあるエーリッヒ・ケストナー・レアルシューレ（Erich Kästner Realschule）を訪問した際である。同年，日本弁護士会の人権大会で主権者教育が取り上げられ，カールスルーエ教育大学からゲオルグ・ヴァイセノ（Georg Weißeno）教授を講師として招聘した。その大会で知己を得たグループが，同教授を頼って訪独したのである[1)]。

エーリッヒ・ケストナー・レアルシューレでは，ヴァイセノ教授のクラスに属する教育実習生が行った授業に参加した。対象は９学年（15～16歳）のクラスであり，2017年のドイツ連邦議会議員総選挙に関連した授業であった[2)]。時系列に沿って授業を再現する。

①実習生が，社会民主党（SPD）の党大会のニュース映像を生徒に見せた。内容は，「連立政権には参加しない」との党首演説だった。

②実習生が，総選挙後の議会の政党別議席数のグラフを生徒に示した。グラフから「過半数をとった政党がない」こと，および，第１党はキリスト教民主同盟（CDU/CSU）で246議席（全体は709議席）であることが読み取れた。

③実習生が，過半数をとった政党がない以上，政権を発足するためには連立を組む必要性があること，そして，連立を組むためには政策の摺り合わせ（政策協定締結）を行う必要があることを説明した。同時に，政策は多岐にわたるが，今回の総選挙の主要な争点を考えて，「移民政策」と「環境政策」で連立の可能性を考えることにするとして，授業の方向性を指示した。

④実習生が，「移民政策」と「環境政策」にしぼった，CDU/CSU，SPD，自由民主党（FDP），同盟 90/ 緑の党（B90/Grünen），ドイツのための選択肢（AfD）の 4 党のマニフェスト一覧を配付し，資料を読み込んで，「どのような連立が可能か」，「そのための取り組み（政策の擂り合わせ）はどのようなものになるか」を各自考えるようにという指示を出した。その間，実習生は資料を読み取れない生徒への個別指導を行った。

⑤約 5 分後，生徒同士でパートナーと意見交換を行わせ，さらに 4 人 1 グループとなって，どのような「連立枠組み」「政策協定」になるかについて話し合いを行わせた。

⑥約 15 分後，実習生がグループを指名し，「連立枠組み」「政策協定」を発表させ，黒板にメモを行った。

⑦約 10 分後，あまり意見が出なくなったところで，実習生が連立の枠組みの方向性や，「移民政策」と「環境政策」について 4 党ではなぜ政策協定を結ぶのが難しいかなどを解説した。その後，授業が終了した。

およそ，以上のような授業であった。

授業終了後，指導教官のヴァイセノ教授を交えて実習生と研究協議を行った。以下のような質疑があった。

Q.1　本時の目標は？

A.1　政党の意見の違いはどこにあるのか，どうして連立を組むのが難しいのかを理解させたかった。

Q.2　その目標は達成できたか？

A.2　政党によって主張が割れることは，具体的に理解できたと思うが，資料には難しい単語や表現が多く，フォローはしたつもりだが，「連立の難しさ」までは理解させられなかったと思う。

Q.3　授業を考える際，参考にしたのは？

A.3　州が発行している政治学（政治教育）のテキストである。

Q.4　社会科（政治学）の最終的な目標はどのようなものだと考えているか？

A.4　現実の政治に関する資料を与えて考えさせて，議論させ，自分の考えを話せるような生徒を育てたい。また，政治には法律などの根拠があることを理解させたい。

研究協議後，実習生は校務に戻り，私たちはヴァイセノ教授と協議を続けた。その話の中で，教授は今の実習生の授業に「不可（ただし，15回の授業で今回の授業１回が「不可」なので，自動的に単位が修得できなくなるわけではない)」をつけたことを明らかにした。訪問団の質問はその理由に集中した。教授は「不可」の理由として，大きく２点をあげた。１点目は，今回の授業に深まりがない点である。確かに資料を読み取り，その資料を根拠に連立の枠組みを考えさせようとしたが，資料の読み取りでサポートをし過ぎたため生徒は自分で読み取る努力をせず，実習生に甘えてしまった。さらに，各グループの意見を板書したが，実習生はその意見に対して広がりを持ったコメントができず，生徒たちは板書をノートに写しているだけだった。つまり，「頭を動かしていなかった」ということである。２点目は，現実の政党政治から「自由」や「民主主義」をきちんと考えさせていなかった点である。ドイツの政治教育の特徴は，「現実からスタートし，システムや原理を理解する」「現実の政治を生徒に理解させる」ことである。その点が深まっていなかった，との説明があった。

引き続き，「ではヴァイセノ教授ならば，どのような授業構成にしたか」と質問したところ，自分ならばもっと違った資料などを用意しただろうと述べた。その後，この資料を利用して授業を行うならば，「移民政策」と「環境政策」の各党の政策の違いを理解させ，４人グループにして，１人１党の党首を割り当てて（Aさんが CDU/CSU の党首，Bさんが SPD の党首……)，４党の党首会談をロールプレイさせて，「連立交渉」を行わせる，との授業案を示した。教授はそのような授業を行う理由を，先ほどあげた「現実を理解させること」の他に，「政治など現実を『自分ごと』として理解させる，考えさせる必要性」をあげた。

以上が，第1回目の訪独の報告である。その後，筆者は，「現実の理解」「自分ごと」という2つの単語（理念）を，ドイツの政治教育のキーワードとして各地での講演で説明している。

注

1）大杉昭英センター長（現（独行）教職員支援機構次世代教育推進センター），谷田部玲生教授（桐蔭横浜大学），橋本康弘教授（福井大学）などと，2017年10月15～18日に視察した。エーリッヒ・ケストナー・シューレでの授業参観は10月17日であった。

2）この授業を理解するためには，基礎知識が必要である。まず，2017年ドイツ連邦下院議会総選挙前は，連邦議会は，キリスト教民主同盟（CDU/CSU），社会民主党（SPD）の2大政党であり，第3会派として自由民主党（FDP），第4会派として同盟90/緑の党（B90/Grünen）などが存在していた。そしてこの総選挙前は，CDU/CSUがSPDと大連立を組み，CDU/CSUを率いるメルケルが首相であった。ところが，2017年選挙では，極右政党と言われるドイツのための選択肢（AfD）が議席を獲得しただけでなく，CDU/CSU，SPDともに過半数をとれず，連立を組まないと政権が発足しない状態となっていた。しかしSPDは，「大連立」が今回の選挙の敗北した原因だとして，メルケルからの連立の申し出を拒んでいた。そのため，総選挙終了後も，新政権が発足せず政治的空白の期間が続いていた。

4. ドイツの政治教育－その２－

２回目の政治教育の授業参観は，2019年８月にニーダーザクセン州クラウスタールにあるギムナジウム（Gymnasium）に１週間滞在し，合計14コマの「政治教育」の授業に参加したことである。滞在したギムナジウムには政治教育の教員が３人おり，ここではまず3人の先生方の「政治教育」に関しての共通認識をまとめた後，それぞれの先生の授業を「学年別」に紹介したい（全ての授業ではない)。ただし，「1．ドイツの教育制度」で紹介したように，ドイツは連邦国家であり，教育システムも教科書も州によって異なるので，ここでの紹介は，「ニーダーザクセン州の『政治教育』の紹介」であることをお断りしておく。

（1）3先生の「政治教育」に関する認識

①ギムナジウムの概況

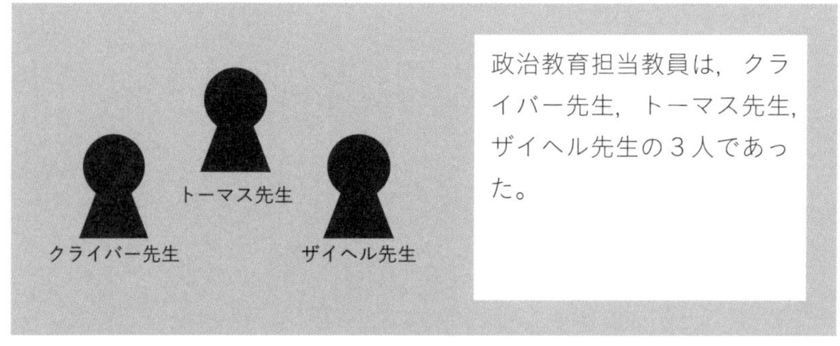

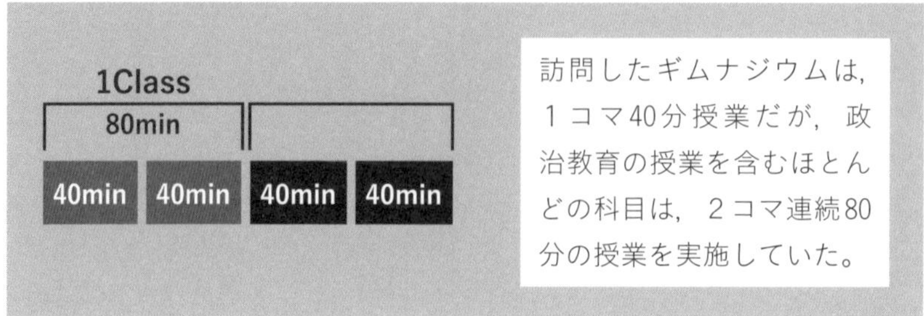

議論や討論中心の授業ばかりで，どの授業も大学のゼミの雰囲気であった。質問や意見は授業中いつ行ってもOKだったが，大半は手をあげての指名制（クラスの半分は手をあげる）であった。教員は発言が偏らないように指名していた。

評価は，テスト40％，平常点（議論への参加度〈授業に貢献する発言の評価が高い〉，レポートや宿題など）60％だった。

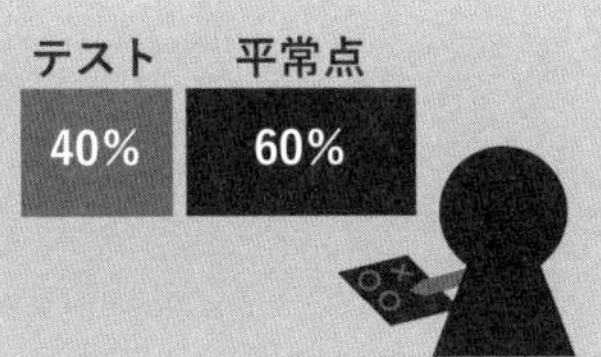

そのため，教員は授業中に生徒の発言をこまめにメモしていた。また，ドイツの授業は，「根拠をもとに考える」「考えたことを発言する」「議論する」に重きを置いている。

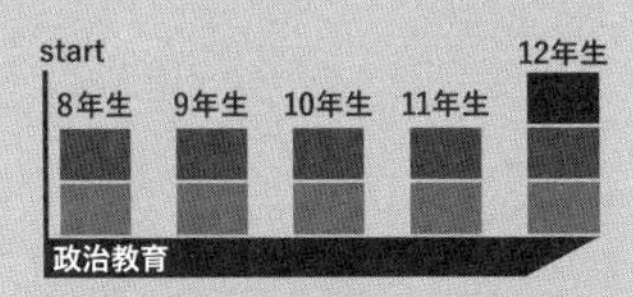

政治教育は８年生から始まり，８～11年生は２単位，12年生は３単位である。

宿題チェックは授業中に行っていた。個別指導や評価も徹底している。授業では教員が，議論したり，アドバイスしたり，ヒントを与えたりして，授業で生徒の有効感を高めている。ただし，１クラス12～25人程度の少人数だからこそできるとも言える。

② 3先生の共通認識や意見

A. 教員が，生徒に政治姿勢などを強制するのは禁止である。ただし，裏を返せば，教員も自分の意見を言ってよい。家庭で政治の話をするように，大人の意見のひとつと捉えてほしいと考えているし，そのように生徒に説明している。

B. 現実的な「政治教育」では，SPDやCDU/CSUなどのきちんとした知識を得るのが目標だろう。そのため授業では，例えば政党のマニフェストをもとに，支持率も含めて各党の事実を伝えるようにしている。

C. 生徒の言ったことに，「他にこういう考え方もあるよね」と指摘することが中立性の確保になると考えている。

（2）3先生の授業

8年生の授業（受講者25人，ザイヘル先生）

訪問したのが8月で新学期が始まったばかりであり，「政治教育」の授業は8年生から始まるので「政治教育」の初回授業編

まず導入として，生徒にいろいろ質問を行った。

「Q. 政治と聞くと？」「A. 戦争」，「Q. 戦争というと？」「A. 対イラン戦争」，「Q. 核保有国は？」「A. 米・露……」，「Q. 経済大国は？」「A. G7（独，仏，米……）」

質問後，先生が「ホルムズ海峡の緊張の背景」「イタリア総選挙で『右派』が台頭した理由」の説明を行った。

展開では，先生が「基礎知識を確認します。州名と州都を言いなさい」

生徒は手もあげずに次々と答える。

先生は答えを板書した後，「1つの州の州都を間違えたところがあるので調べてくること。宿題です」 その後，先生が「州の仕事，州知事の仕事」などの説明を行い，憲法の冊子を生徒に渡し，「これから憲法も学びます。ノートに章立てを写しなさい」。（間）「この中で22ページの第20条が一番大事です」。（注：第20条：国家権力は国民に由来し，司法府・立法府・行政府が代理して行使する。

抵抗権がある）

では，次回は国家権力から始めます，と予告して授業が終わった。

9年生の授業（受講者19人，クライバー先生）

グループ討論とプレゼン

学年の初めての授業なので「成績のつけ方」「授業の受け方」などの説明を行った。

その後，教科書を開かせて，生徒を指名して読ませた。教科書には「問い」がある。

Q. アフリカに植民地を持っていた頃のドイツを想定する。その植民地（細かい条件は教科書に書いてある）のどこを変えて，どこを変えないか，ドイツ政府の立場で考えなさい。

クラスを４グループに分けて討論させた。その後，短時間のプレゼンをさせる旨を予告した。

活発な討論が起きた。（実に興味ある議論をする班が多かった。詳細は字数の関係でカットする）

２班のプレゼンを紹介する。前に出てきた生徒は，議論のメモを実物投影機でプロジェクターに映してプレゼンを開始した。内容は「現地の人の仕事の分配を考える」というものだった。

それに対し先生は，「仕事の分配の何が問題なのか？　そこを示さないと評価が低い」と説明し，「このような発表では単位は出さない。次回までに各班完全版を作ってくるのが宿題!!」と指導して授業を終えた。授業後のクライバー先生の話では，２班の発表した生徒は，それまでの討論に参加しておらず，フリーライダーだったとのこと。そのため，マークしておいて，発表させ，指導したということだった。

10年生の授業（受講者20人，ザイヘル先生）
ソクラテスメソッド

ザイヘル先生は，教科書準拠の教材プリントを使用して授業を行っている。導入は，その教材プリントを宿題にしていたので，先生がどんどん質問し，生徒が答えた。（約15分間）

導入が終わると，次のようなかなり大きな問題を出し，生徒1人を指名してかなり突っ込んだ質疑を行い，その途中で他の生徒をあてていく授業スタイルをとった。いわゆるソクラテスメソッドである。

Q.1　人間関係がきちんとできている30人が乗った船が難破し，無人島に漂着した。彼らは，どのような生活（コミュニティ）を作るか？

A.1　病気やケガの人は働かなくてもみんなで食べさせる。働かない人には食べ物を少なくするかもしれない。健常者は自分の得意なモノを作って分業を始める。初めに食料などを集め，みんなで今後の生活設計を考える。全員で「安全な生活」（獣対策，飲み水対策など）ができるよう環境を整えるなど。

Q.2　盗み癖がある人，詐欺師などが30人乗った船が難破し，無人島に漂着した。彼らは，どのような生活（コミュニティ）を作るか？

A.2　起こりうる状況は，人を信用できないから個人で生きていこうとするか，グループ化していく。しかし，グループ内でも，頼れるのは自分しかいないので疑心暗鬼となり孤立化が進む。力が強いか武装した人間がトップに就き，そのヒエラルヒーで残りの29人をコントロールする。トップによる独裁が始まるなど。

Q.3　20人がフレンドリーで，10人が信用できない人間が乗った船が難破し無人島に漂着した。彼らは，どのような生活（コミュニティ）を作るか？

A.3　よい人と悪い人が分かれて生活するようになる，あるいは「分ける」。具体的には，悪い人は収容所や刑務所へ入れて隔離する。

どのように分けるかについての，法律を作る。法律は多数決で決める。法律を破ったら罰則を与える。悪い人にも自由があるのではないかと思うので，刑務所の所長に一定の権限を与える。所長はなぜそのような権力を持てるのかは考えていかなくてはならないなど。

最後の10分は先生の講義となった。ルソー，ホッブズ，ロックなどの社会契約説と今回の授業をリンクさせていた。

11年生の授業（受講者12人，ザイヘル先生）
比較表をもとに1人ずつ発表

本日の授業のテーマは「政党の政策を学ぶ」であることを予告し，生徒に作業を開始させた。具体的には，先生が配付したプリントや資料をもとに，模造紙に現在あるドイツの政党の政策を書いて比較する。今回は，主に「労働に関する政策」の比較を個人作業で行った。

作業時間は，約30分。

その後，生徒が1人ずつ前に出てきて自分のまとめた「比較表」を実物投影機で示して発表を行い，先生や生徒が質問を行った。

授業の最後に，先生が黒板を使って各党の政策の違いをまとめた。

12年生の授業（受講者24人，トーマス先生）
ビデオ視聴，討論

まず，コンピュータ教室で約45分間ビデオを視聴した。テーマは「ニュルンベルクの現実」であった。内容は，ニュルンベルク州の市民へ政治に期待しているか，していないかとのアンケートをとったところ，「政治への期待」について「74％ vs. 36％」もの地域差が出た。しかも，「道１つ」隔てて分かれている。期待しないとの回答には，「長期の失業中であるが，議員にメールしても，議員１人800もの案件を抱えていて取り上げてくれない」との回答があった。つまり，生活に追われている人は政治的に無関心になる。具体的には，政治的無関心の親は家で政治の話をしない。そのため，子どもも政治的な関心が薄れ，政治的無関心の再生産になっているという現実がある。

しかし，オーストリアや北欧は80～90％の投票率である。街中での若者へのインタビューでは，「忙しいけれど投票に行くよ」「選挙は自分の意見のアウトプットの場」という答えが返ってきた。

再びドイツの映像に戻り，極右のAfDが貧困問題をアピールしてバイエルン州で台頭している。しかし，バイエルン州では，18～25歳は46％が棄権している。

ニュルンベルクの10年生の政治教育の授業の映像。実在する政党のマニフェストを参考にしたプレゼン大会の授業である。その授業後のインタビューでは，「選挙は大事」という生徒もいるが，「面倒くさい。ネット投票できるようにすべき」という生徒もいた。

以上がビデオ（映像）の内容である。

ここから授業が始まった。テーマは，「バイエルン州の有権者にとっての課題とは何か？」である。生徒たちは周りと話し始める。話し合いの後，指名された生徒は，黒板に意見を１～２行で書き，即興で自分の意見を説明した。先生も次々と突っ込んだ質問をした。

そこで出た意見を紹介すると，「18～25歳の人口はそもそも少ないので政治的有効感が少ない」「民主主義なのだから，もっと権利を主張すべきだ」「家庭内の政治的な会話が少ないのではないか」などが出ていた。

以上のような意見が出たところで授業が終了した。

12年生の授業（受講者14名，ザイヘル先生）
複数の主題をあげ，討論

テキストは教材用のプリントを使用した，政治思想史の授業である。プリントには，ロック，モンテスキュー，ホッブズ，ベンサムの写真がある。プリントに大きな「問い」がある。ロックやモンテスキュー，ベンサムなどがドイツの政治にどのような影響を与えたか，という「問い」である。

指名された生徒がプリントの数行を読み，先生が質問を行う。手をあげた生徒が回答し先生が補足する。またプリントの数行を読ませた後，次々と生徒をあてていくことの繰り返しの授業であった。

ある程度進んだところで,別のプリントを配付した。また「問い」がある。「ある自動車会社に対して，ユーザーは『速い車』『頑丈な車』『燃費のよい車』『環境に優しい車』などを要求している。会社はどのような車を作るかを，どのように決定するのか」という「問い」であった。その後,「決め方の決め方」を考える討論が始まった。具体的には，ユーザーは「車がほしい」という点は同じなので，車の生産はOKである。

Q.1　では，どのように決めるのか？

A.1　声の大きい人の言うことを聞く，人数の多いところの言うことを聞く，高そうな車を買ってくれそうな人たちの言うことを聞く，などが考えられる。

Q.2　その決定を誰が行うのか？　ユーザーなのか？　会社なのか？　決定をする際，会社は利潤に主眼を置くのか？　国家ならば環境に主眼を置くのか？

など，主体などを変えながら多面的な意見を交換させた。

今回は討論だけで時間が終わったので，先生が次回まとめることを予告した。

(3) 生徒の意見

授業終了の後，何人かの生徒にインタビューを行うチャンスがあった。

生徒Ａ:「日本の先生は意見を言わないのだが ‥‥‥」と教員の発言範囲について説明すると，生徒Ａは，教員が「私は○○党支持者，なぜならば〜〜」と発言するのはよいと思うが，「この政党に入れてね」はよくないことだと理解している。先生の意見も，大人の意見のひとつだから耳を傾けると説明してくれた。

生徒Ｂ：日本に１年間留学したことがある生徒Ｂに，インタビューを行った。18歳になったばかりであった。EU議会選挙投票には行ったが，州や連邦の選挙はまだなので，政治教育の授業がどのくらい役立つか分からない。国内の政党や政治情勢は分かったが，EU選挙は政党そのものが違うので，自分でネットなどで政党のHPを見て調べた。政治教育の授業を受けて，少なくとも「考えること」の重要性は分かった。家で政治の話はよくしている。父はSPDの支持者で，母は違う。私と弟は働かないといけないと思っているので，父の「働かなくても生活保護などで食べていけるようにすべきだ」という意見とは対立がある。ただし，戦争体験がある祖父の意見はまた違うと思っている，と話をしてくれた。

5. ドイツの政治教育の教科書

2019年のギムナジウム訪問の際，「政治教育」の教科書を２冊いただいた。１冊目は，ギムナジウム第９～10学年向けの「政治学」の教科書，２冊目は，同第11～13学年向けの「政治経済」の教科書である。現在翻訳中だが，１冊目の一部を紹介したい。ただし，「1．ドイツの教育制度」で紹介したように，ドイツは州によって教育システムが異なり，当然，教科書も異なっている。ここで紹介するのは「ニーダーザクセン州」の「政治教育の教科書」である。

なお翻訳は，明治大学政治経済学研究科博士課程の土肥有理君にお願いした。ここに謹んでお礼を述べたい。

(1) ギムナジウム第９～10学年向けの「政治学」の教科書の目次

次の頁に長く「目次」を引用するが（p.234～237），この目次だけで，ドイツの「政治教育」の内容や目標が類推できると思う。

大きくまとめると，第１に，今日的なテーマが多いことである。例えば，「ロシアはクリミア半島を違法に併合したのか（p.325）」「ウクライナ問題に関して欧州の外交・安全保障政策はどのように捉えているのか（p.330）」などは，まさしく「いま」知りたい，学ぶべきテーマである。このような「いま」のテーマを設けるため，ニーダーザクセン州の政治教育のテキストは，毎年更新されている。また，「トルコはEU加盟国であるべきか（p.272）」なども「古くて新しい」テーマだろう。

第２に, 基本的に「問い」を立てている（テーマが疑問文になっている）ことである。この教科書を使うギムナジウムの生徒は，15 ～ 16歳である。社会的な興味関心が生まれてきて，社会に対して「なぜこうなっているのだろうか？」と多くの疑問を持つ年齢である。そのため，そのような年齢の生徒たちが持つ疑問を取り上げようとしている。

例えば，誰もが一度は疑問に持つ問いである「投票は義務であるべきか(p.56)」，若者としては答えてほしい問いである「どの職業が『正しい』のか（p.194)」，誰にも聞けないが知りたい問いである「なぜドイツでは連邦制がとられているのか（p.16)」や「ドイツ連邦議会はどのような仕事をしているのか（p.105)」などがあげられよう。

このような現実の政治や経済への「問い」に, 現行の日本の「現代社会」や「政治・経済」の教科書は答えているだろうか。若者の棄権理由のベスト５の中に，常に「どこに投票したらよいか分からない」が入っていることを考えると，公民科の授業が答えていない現実が見えてくる。

また,「問い（＝テーマ)」には，投票や政治参画の際に必要な知識・理解や方法などを求めるものもある。例えば,「ドイツにおける右翼過激主義（p.28)」「民主主義においてメディアはどのような役割を担っているのか（p.78)」「ドイツ連邦議会はどのような仕事をしているのか（p.105)」などがあげられるだろう。そして，そのものずばり「政治参画とは何か(p.44)」という「問い」もある。

ドイツで行われているような「問い」を，日本の学校ではどのくらい取り入れているだろうか？　209ページでも指摘したが, 新科目「公共」では, まさしくドイツで行われている「投票は義務であるべきか」「民主主義においてメディアはどのような役割を担っているのか」という生徒からの問いに，正面から取り組む授業が期待されている。ここで紹介した政治学のテキストに掲載されている「問い」を，是非日本の学校でも実践して頂きたい。

目次

(2) ギムナジウム第９～10学年向けの「政治学」の教科書の一部

ここでは，先に示したギムナジウム第９～10学年向けの「政治学」の教科書から，「社会国家―社会正義は保障されているか（p.14）」を部分訳して，ドイツの政治教育の一端をお見せしたい（一部，読みやすくするため「意訳」してある)。

この教科書から分かることは，第１に，最後の「課題」を読むと理解されると思うが，ドイツの教育目標通りの「資料を読み，根拠を示して質問に答えたり議論を行ったりする」テキストとなっている点である。第２に，４問の「課題」の語尾に注目されたい。「述べなさい」→「分析しなさい」→「解説しなさい」→「議論しなさい」と，求める作業が高度化している点である。「議論」までの道筋は，「資料の読解」→「考察」→「自分の意見の構築」を経ての「議論」である。その意味で，思考のツールを段階的にたどらせていることが読み取れる。ただし，教育現場では，全てこの順序で授業が行われてはいなかった。当然，生徒の学力や知識・理解の度合い，さらに思考力・判断力・表現力が異なるため，学校やクラスによって，教員が授業をコントロールしていたことは補足しておきたい。

テーマ：社会国家―社会正義は保障されているか？
資料１　貧困と富裕化は関連しているか？

「金持ちの男と貧しい男が立ち，互いに見やっていた。すると貧しい男が青ざめてこう言った。『おれが貧しくないとしたら，お前さんは金持ちではないだろうね』」

（ベルトルト・ブレヒト『アルファベット』より抜粋　1934年）

資料２　どのような要因で困窮するのか？

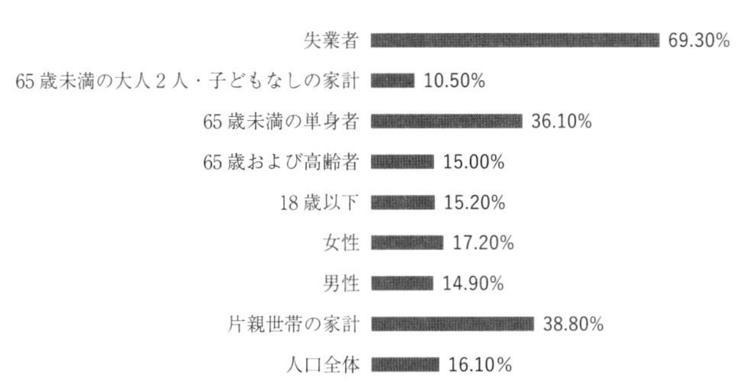

（ドイツ連邦統計局『収入および生活条件に関する共同体調査』
ドイツ連邦政治教育センター　2014年）

資料３　ドイツ連邦共和国基本法　第14条

（１）所有権および相続権は保障される。その内容と制限は法律により定められる。

（２）所有権は義務を伴う。その権利の行使は，同時に公共の福祉に寄与しなければならない。

（３）公用徴収は公共の福祉のためにのみ許される。公用徴収は，補償方法と補償額を規定する法律を根拠にして行われねばならない。補償額は，公共の理念や関係者の利害を公正に吟味して定めねばならない。補償額を理由として訴訟になった場合は，通常裁判所へ出訴できる。

資料4　貧富の差は拡大している。

よいニュースもある。過去20年間でドイツ人個人の可処分所得は約4兆6000億ユーロから約10兆ユーロへと2倍以上になったのだ。しかし，そこには所得の増加が不均等であるという課題がある。貧富の差は依然として大きく拡大しているのである。

高所得の最上位10％の層は，全人口の半分の所得よりも多くの資産を持っている（『季刊貧困・富裕白書』〈ドイツ連邦政府〉より）。同時にこの報告書によると，ドイツ政府の歳入は8000億ユーロ減少している。こうした国家歳入の減少は，この20年間の傾向だという。

2007年から2012年の経済危機の期間でも，個人の所得は増加している。その主な要因は，不動産と建築用地，投資，企業退職年金の請求などであり，総額は約1兆4000億ユーロとなっている。公式な統計によると，1998年に最富裕層の可処分所得は45％に過ぎなかったが，2008年には53％にまで増えている。反対に，下位の所得階層はせいぜい所得の1％程度しか自由に使うことができないという。しかし，旧西ドイツと旧東ドイツの地域ではこの隔たりは縮まっている。つまり，旧西ドイツの所得は，平均して不動産・金融資産が13万2000ユーロであるのに対し，東ドイツでは5万5000ユーロとなっている。このような格差には収入が関係している。同報告書によると，相対的な上位所得層には所得の上昇が見られるが，フルタイム労働者の下位40％には物価上昇に見合う賃金上昇が見られない。同報告書は「このような所得の不均等な発展は，国民の公平感を損なう」と指摘している。同報告書はパートタイム，ミニジョブ，個人事業主，契約労働，有期雇用といった，いわゆる非正規雇用の防止を提言している。つまり，このような非正規雇用が，通常の労使関係に影響を与えるべきではないとしている。もちろん，連邦労働省の報告書でも，「フルタイムであっても，単身者の生活費を賄うに足りない給与は，貧困化のリスクをより先鋭化させ，社会的な連帯を弱める」と批判的にまとめられている。

この所得の不均衡な進展という問題に直面して，ドイツではふたたび富裕層の責任を鋭く問う議論が起こっている。

（シルケ・ヘニング「貧富の格差は増大している」2012年9月19日 www.br.de ）

資料５　社会国家原則に関する連邦憲法裁判所の決定（第65及び182号）

ドイツ連邦共和国基本法の社会国家原則には，社会的に課題が存在しても，その広範さや不確実性を理由として，法的な直接的救済措置がない。（中略）そのため救済の実現は，第一義的に立法者（＝議会）が行う問題である。

資料６　社会国家とは何を意味するのか？

ドイツ連邦共和国基本法が求める「社会国家」は，ドイツ連邦共和国に対し，その市民の最低限の生活を保障することを義務づけている。これは重要な規定である。リベラルな国家はただ単にその市民の安全と自由を守ることを求められているのに対して，社会国家は社会的調整を行うことで全ての市民が最低限度の生活を送ることができるよう配慮することが求められているのである。この「社会国家」の基準は，基本法では具体的に定められていないため，議会などによる政治的な決定が必要とされるのである。

［課題］

1．資料１より，ブレヒトの貧困と富裕化の原因に関する立場について述べなさい。
2．資料２より，どのような人が一番貧困に陥りやすいのかを分析しなさい。
3．「貧困に陥りやすい理由」を解説しなさい。
4．資料４から資料６より，国家が所得の再分配に介入すべきかどうか，また介入すべきだとするならば，国家はいかなる方法で所得の再分配に介入すべきか議論しなさい。

おわりに

2015年に公職選挙法が改正され,「18歳選挙権時代」が到来してから5年の月日が経った。この間,全国の高等学校で主権者教育が推進されるようになり,様々な実践事例が蓄積されてきた。筆者もまた,生徒たちの政治的リテラシーを高めるべく,日々の授業実践に取り組んできた。その際に大切にしてきたのは,次に示す「3C」である。

1つ目は,キャッチー（Catchy）な素材を扱うことである。主権者教育を実践する際には政治的中立が求められるため,「生の政治」を扱うことをためらう教員も少なくない。しかし,生徒たちの政治的リテラシーを高めるには,現実の政治における論争的な課題について複眼的に考察し,議論するトレーニングが欠かせない。そのため,筆者の授業では,憲法改正や消費増税など,リアルな政治課題について議論する機会を多く設けている。

2つ目は,カジュアル（Casual）なテーマから,段階的に興味・関心を高めていくことである。多くの生徒にとって,政治は遠い存在になっているという現状がある。そこで,年間の授業の初めの時期は,より身近で日常的なテーマを,普段着の言葉で語り合うことを大切にしている。まずは,生徒の生活空間である学校の課題について,校則や部活動などをテーマにして議論させる。次に,生徒たちが暮らす地域社会の課題を扱い,住民へのインタビュー調査なども取り入れながら,持続可能な街づくりについて考察させる。その上で,国の政治課題やグローバル社会における諸課題を扱い,生徒たちの視野を大きく広げていくようにしている。

3つ目は,クール（Cool）な外部組織・人材との連携である。新しい学習指導要領は「社会に開かれた教育課程」を基本方針として策定され,「社会と連携・協働しながら,未来の創り手となるために必要な資質・能力を育む」ことを目指している。筆者の授業でも,「政治を,わかりやすく」をモットーに事業展開する株式会社POTETO Mediaをはじめ,様々な外部組織と連携してきた。それらの外部組織のメンバーは,生徒のロールモデルとなるような魅力にあふれた学生や若者であり,彼らと語り合う中で,生徒たちは民主主義の担い手としての力を身につけていく。

本書では,これらの「3C」を取り入れた授業の一部を紹介したが,まだまだ改善の余地があると感じている。今後も,各高等学校で主権者教育に取り組んでいる先生方と互いに励まし合いながら，よりよい授業実践を追究していきたい。

最後になったが，私が7年間勤めた都立高島高校において授業を受けてくれた生徒たちに，感謝の言葉を贈りたい。ありがとう。

2020年7月

大畑方人

編　者

藤井　剛　ふじい　つよし

1958年に生まれる。1983年から千葉県の公立高校教員（主に「政治・経済」を担当）勤務を経て，2015年４月より明治大学特任教授

主要著書　『授業 LIVE　18歳からの政治参加』（監修・著，清水書院，2017年），『主権者教育のすすめ』（単著，清水書院，2016年），『詳説　政治・経済研究』（単著，山川出版社，2008年）

大畑　方人　おおはた　まさと

1977年に生まれる。私立中学・高校勤務を経て，2013年度より東京都立高校教員に着任（主に「現代社会」と「政治・経済」を担当）。2020年度より東京都立東久留米総合高等学校（定時制課程）に勤務

主要著書　橋本康弘・藤井剛 監修『授業 LIVE　18歳からの政治参加』（分担執筆，清水書院）

ライブ！主権者教育から公共へ

2020年８月20日　第１版第１刷印刷　　2020年８月25日　第１版第１刷発行

編　者　藤井剛・大畑方人

発行者　野澤伸平

発行所　株式会社　山川出版社
〒101-0047　東京都千代田区内神田1-13-13
電話　03(3293)8131（営業）　03(3293)8135（編集）
https://www.yamakawa.co.jp/　　振替　00120-9-43993

印刷所　株式会社　太平印刷社

製本所　株式会社　ブロケード

装　幀　黒岩二三［fomalhaut］　カバーイラスト　燐 -Lin-

Printed in Japan　ISBN978-4-634-59306-0